成年後見の実務

―制度の基本的な仕組みから死後事務の執行まで―

石田 健悟 著

発行 テイハン

は じ め に

　司法書士として成年後見の実務に携わる中で感じるのは、後見人や監督人（本書においては、任意後見人、成年後見人、保佐人及び補助人の総称を「後見人」といい、任意後見監督人、後見監督人、保佐監督人及び補助監督人の総称を「監督人」といいます。）ごとに成年後見制度の理解、倫理観及び事務処理能力に大きな差がみられるということです。親族後見人や市民後見人の中だけでなく、司法書士・弁護士・社会福祉士等の専門職後見人の中でも、その差は顕著であるように思います。制度の理解が不十分なまま後見人や監督人に就任して職務を行うことは、本人の自己決定権の尊重やノーマライゼーションを実現することができないだけでなく、本人の親族や周囲の福祉・医療関係者等とのトラブルの引き金になりかねません。

　また、成年後見制度の仕組みが複雑だからと、本人が既に判断能力の低下した状態であるにも関わらず、制度の利用を回避して、法的に権限のない親族や知人等が本人の財産管理や法律行為のサポートを行うことも、後々のトラブルになりかねません。

　さらに、成年後見制度の利用を開始する手続の依頼を受けた司法書士・弁護士等が、本人やその親族等に開始後の財産管理や身上保護の態様を十分説明していなかったことで、実際に後見人に就任した別の司法書士・弁護士等が「聞いていない。このようなことになるなら、成年後見制度の利用を開始するのではなかった。」とクレームを受けてしまうケースも多くあるとのことです。

　そこで、本書では、専門職後見人や親族後見人だけでなく、ケアマネージャー・ソーシャルワーカー等の福祉関係者、医療関係者、研究者や大学生、老い支度について取り組みをしようと考えている一般の方にとっても、成年後見制度を理解しやすいように、制度の基本的な仕組みと、制度利用を開始するための手続、後見人・監督人の職務、本人死亡後の事務について解説していきます。

目　次

第2章　成年後見制度の利用開始の手続

第3章　就任後の実務

第4章　本人死亡後の事務

――――――――――――――――― 凡　例 ―――――――――――――

本書では、原則として、以下の定義で用語を使用しています。

・後見人…任意後見人、成年後見人、保佐人、補助人の総称

・監督人…任意後見監督人、後見監督人、保佐監督人、補助監督人の総称

・法定後見人…成年後見人、保佐人、補助人の総称

・法定後見監督人…後見監督人、保佐監督人、補助監督人の総称

第1章

総　論

第1 成年後見制度の概要

1 意 義

　成年後見制度は、本人の自己決定権の尊重、現有能力の活用、ノーマライゼーション等の理念のもと、任意後見制度と法定後見制度の2つの仕組みから成ります。任意後見制度は、本人が十分な判断能力を有するうちに、事前に本人と任意後見人を引受ける人との契約によって、本人の判断能力が不十分な状態になったときの後見事務を委任しておく制度です。一方、法定後見制度は、認知症、知的障害、精神障害のほか、事故による脳の損傷等により、本人の判断能力が不十分となったときに、事後的に法定後見人（本人の判断能力の程度に応じて成年後見人、保佐人又は補助人）を家庭裁判所に選任してもらう制度です。

　後見人の職務は、本人の療養看護と財産管理に関する事務のうち、法律行為とそれに付随する事実行為を行うことによって、本人の生活を支援することです（介護や看護等の事実行為は後見人の職務ではありません。）。後見人は、それらの職務を行うにあたっては、善管注意義務を負っており、本人の意思を尊重し、かつ、その心身の状態及び生活の状況に配慮しなければなりません。

> **コラム** ノーマライゼーション ─────
>
> 　ノーマライゼーションとは、障害のある人もない人も、互いに支え合いながら社会生活を送ろうという考え方です。
>
> 　現在の社会福祉は、憲法25条の「健康で文化的な最低限度の生活」に加え、同法13条の「個人の尊重」を重視します。これにより、成年後見制度においても、ノーマライゼーションが基本理念の一つとなっています。

2　資格制限の撤廃

　これまで、成年被後見人や被保佐人になると、187もの法律により、①司法書士、医師、公認会計士、弁護士、税理士、社会福祉士、介護福祉士等の専門資格、②国家公務員、地方公務員、自衛隊等の就業資格、③株式会社の取締役・監査役、医療法人・社会福祉法人・NPO法人の役員等の責任資格等を喪失するとされていました。また、成年被後見人においては印鑑証明書の発行を受けることができませんでした。

　しかし、成年被後見人や被保佐人であることを理由として、一律に資格を制限することが、人権侵害や不当な差別につながることもあり、成年後見制度の利用が敬遠される一因となっていました。

　そこで、令和2年6月に成年被後見人等の権利の制限に係る措置の適正化等を図るための関係法律の整備に関する法律（令和元年法律第37号）の施行に伴い、各法律の欠格条項が廃止されました。また、成年被後見人の印鑑証明書の発行についても、総務省の印鑑登録証明事務処理要領（昭和49年自治振第10号）の一部が改正され、成年後見人が同行のうえ、成年被後見人が市区町村役場にて、印鑑登録の申請意思を確認できる場合は、申請が認められ、印鑑証明書の発行を受けることができるとされました。

3　後見登記制度

(1)　意　義

　　従来の禁治産・準禁治産制度のもとでは、禁治産宣告・準禁治産宣告を受けたことは本人の戸籍に記録することで公示されていました。しかし、戸籍への記録は、プライバシー保護の観点から強い批判がありました。そこで、現行の成年後見制度は、戸籍に代わる公示方法として、後見登記制度を採用しています。

(2)　後見登記の種類

　　後見登記は、任意後見に関するものとして「任意後見契約の登記」（後

見登記等に関する法律（平成11年法律第152号、以下、「後見登記法」といいます。）5条）、法定後見に関するものとして「後見等の登記」（後見登記法4条1項）、法定後見開始の審判前の保全処分に関するものとして「後見命令等の登記」（後見登記法4条2項）の3類型があります。

(3)　登記事項

ア　任意後見契約の登記

任意後見契約の登記の登記事項は、次のとおりです。

①　任意後見契約に係る公正証書を作成した公証人の氏名及び所属並びにその証書の番号及び作成の年月日（後見登記法5条1号）

②　任意後見契約の委任者（任意後見契約の本人）の氏名、出生の年月日、住所及び本籍（外国人にあっては、国籍）（後見登記法5条2号）

③　任意後見受任者又は任意後見人の氏名又は名称及び住所（後見登記法5条3号）

④　任意後見受任者又は任意後見人の代理権の範囲（後見登記法5条4号）

⑤　数人の任意後見人が共同して代理権を行使すべきことを定めたときは、その定め（後見登記法5条5号）

⑥　任意後見監督人が選任されたときは、その氏名又は名称及び住所並びにその選任の審判の確定の年月日（後見登記法5条6号）

⑦　数人の任意後見監督人が、共同して又は事務を分掌して、その権限を行使すべきことが定められたときは、その定め（後見登記法5条7号）

⑧　任意後見契約が終了したときは、その事由及び年月日（後見登記法5条8号）

⑨　家事事件手続法225条において準用する同法127条1項の規定により任意後見人又は任意後見監督人の職務の執行を停止する審判前の保全処分がされたときは、その旨（後見登記法5条9号）

⑩　⑨により任意後見監督人の職務代行者を選任する審判前の保全処分

がされたときは、その氏名又は名称及び住所（後見登記法5条10号）

⑪　登記番号（後見登記法5条11号）

イ　後見等の登記

後見等の登記の登記事項は次のとおりです。

①　後見等の種別、開始の審判をした裁判所、その審判の事件の表示及び確定の年月日（後見登記法4条1項1号）

②　成年被後見人、被保佐人又は被補助人の氏名、出生の年月日、住所及び本籍（外国人にあっては、国籍）（後見登記法4条1項2号）

③　成年後見人、保佐人又は補助人（成年後見人等）の氏名又は名称及び住所（後見登記法4条1項3号）

④　成年後見監督人、保佐監督人又は補助監督人（成年後見監督人等）が選任されたときは、その氏名又は名称及び住所（後見登記法4条1項4号）

⑤　保佐人又は補助人の同意を得ることを要する行為が定められたときは、その行為（後見登記法4条1項5号）

⑥　保佐人又は補助人に代理権が付与されたときは、その代理権の範囲（後見登記法4条1項6号）

⑦　数人の成年後見人等又は数人の成年後見監督人等が、共同して又は事務を分掌して、その権限を行使すべきことが定められたときは、その定め（後見登記法4条1項7号）

⑧　後見等が終了したときは、その事由及び年月日（後見登記法4条1項8号）

⑨　家事事件手続法（平成23年法律第52号）127条1項（同条5項並びに同法135条及び144条において準用する場合を含む。）の規定により成年後見人等又は成年後見監督人等の職務の執行を停止する審判前の保全処分がされたときは、その旨（後見登記法4条1項9号）

⑩　⑨により成年後見人等又は成年後見監督人等の職務代行者を選任する審判前の保全処分がされたときは、その氏名又は名称及び住所（後

見登記法 4 条 1 項10号）

⑪　登記番号（後見登記法 4 条 1 項11号）

ウ　後見命令等の登記

後見命令、保佐命令及び補助命令（以下、「後見命令等」といいます。）の登記の登記事項は、次のとおりです。

①　後見命令等の種別、審判前の保全処分をした裁判所、その審判前の保全処分の事件の表示及び発効の年月日（後見登記法 4 条 2 項 1 号）

②　財産の管理者の後見、保佐又は補助を受けるべきことを命ぜられた者の氏名、出生の年月日、住所及び本籍（外国人にあっては、国籍）（後見登記法 4 条 2 項 2 号）

③　財産の管理者の氏名又は名称及び住所（後見登記法 4 条 2 項 3 号）

④　家事事件手続法143条 2 項の規定による審判前の保全処分において、財産の管理者の同意を得ることを要するものと定められた行為（後見登記法 4 条 2 項 4 号）

⑤　後見命令等が効力を失ったときは、その事由及び年月日（後見登記法 4 条 2 項 5 号）

⑥　登記番号（後見登記法 4 条 2 項 6 号）

(4)　登記の嘱託・申請

後見登記は、原則的に、裁判所書記官又は公証人の嘱託により行います。後見人等の申請に基づく登記は、本人、後見人、監督人の住所・氏名（本人については本籍も含む。）の変更又は本人の死亡や任意後見契約の解除による終了の登記等の一部に限られています。後見登記は、東京法務局民事行政部後見登録課が全国の後見登記事務を集中的に扱っており、後見登記の嘱託・申請は同課に対して行います。

(5)　証明書

後見登記についての証明書には、登記された内容を証明する場合に利用される「後見登記事項証明書・閉鎖登記事項証明書」、未だ成年後見制度を利用していないことを証明する場合に利用される「登記されていないこ

との証明書」があります。

ア　後見登記事項証明書・閉鎖登記事項証明書

　　後見登記事項証明書や閉鎖登記事項証明書は、不動産や会社・法人の登記事項証明書と異なり、交付を請求できるのは、本人、その配偶者、四親等内の親族、後見人、任意後見受任者、監督人、本人の相続人等一定の者に限定されています。また、交付窓口も限定されていて、東京法務局民事行政部後見登録課又は他の法務局・地方法務局の戸籍課となります（郵送での請求は、東京法務局民事行政部後見登録課のみとなります。）。発行手数料として、1通につき550円分の収入印紙が必要となります。登記事項証明申請書記載例については、9ページを参照してください。

イ　登記されていないことの証明書

　　登記されていないことの証明書も、交付を請求できるのは、本人、その配偶者、四親等内の親族等に限定されており、交付窓口もアと同様、東京法務局民事行政部後見登録課又は他の法務局・地方法務局の戸籍課となります（郵送での請求は、東京法務局民事行政部後見登録課のみとなります。）。発行手数料として、1通につき300円分の収入印紙が必要となります。登記されていないことの証明書記載例については、10ページを参照してください。

【登記事項証明申請書記載例】 東京法務局HPより

記載例（ア）　成年後見人が申請する場合

記　載　例	登記事項証明申請書	東京　　法務局　　御 中
	（成年後見登記用）	令和〇 年 〇 月 〇日申請

□ 閉鎖登記事項証明書（**閉鎖された登記事項の証明書を必要とする場合はこちらにチェックしてください。**）

	住　　所	東京都千代田区霞が関1丁目1番1号	収入印紙を貼るところ
請求される方 （請求権者）	（フリガナ）	コウケン　タロウ	**収入印紙は割印をしないでここに貼ってください。**
	氏　　名	後見 太郎 連絡先（電話番号 03 － 〇〇□□ － △△××）	

請求される 方の資格	1 □ 本人（成年被後見人、被保佐人、被補助人、任意後見契約の本人、後見・保佐・補助命令の本人） 2 ☑ **成年後見人**　　6 □ 成年後見監督人 7 □ 保佐監督人 8 □ 補助監督人 3 □ **保佐人**　　　　9 □ 任意後見監督人 10 □ **本人の配偶者** 4 □ **補助人**　　　　11 □ **本人の四親等内の親族** 12 □ 未成年後見人 5 □ **任意後見受任者**　13 □ 未成年後見監督人 14 □ 職務代行者 15 □ 財産の管理者 　　（**任意後見人**）　16 □ 本人の相続人 17 □ 本人の相続人以外の承継人

代 理 人 （上記の方から頼まれた方）	住　　所	
	（フリガナ）	
	氏　　名	部分について、次ページの ※1及び※2を御確認ください。 連絡先（電話番号 － － ）

添付書類 下記**(注)**参照	□ 戸籍謄本または抄本など本人との関係を証する書面 （上欄中 10、11、12、13、16、17 の方が申請するときに必要。発行から3か月以内の原本） □ 委任状（代理人が申請するときに必要） 会社法人等番号（ － － ） □ 法人の代表者の資格を証する書面（登記事項証明書につき添付を省略） （請求される方が法人であるとき、代理人が法人であるときに必要。いずれも発行から3か月以内の原本）

後見登記等 の種別及び 請求の通数	☑ 後見 □ 保佐 □ 補助 （ 1 通） □ 任意後見契約 （ 通） □ 後見命令 □ 保佐命令 □ 補助命令 （ 通）

特別の請求	□ 氏名や住所等の変更履歴を必要とする場合はこちらにチェックして、必要な理由を記入してください。 理由：※上記にチェックをした場合は、その理由も記入してください。

収入印紙は
1通につき
550 円です

（ただし、1通の枚数が50枚を超えた場合は、超える50枚ごとに100円が加算されます）

印紙は申請書ごとに必要な通数分を貼ってください。

※登記印紙も使用することができます。

● 登記記録を特定するための事項

（フリガナ）	コウケン　イチロウ
本人の氏名 （**成年被後見人等**）	後見 一郎

（登記番号がわかっている場合は、記入してください。）

登 記 番 号	第 － 号

（登記番号が不明の場合に記入してください。）

本人の生年月日	明治・大正・⑳和・平成・令和／西暦 19 年 1 月 17 日生
本人の住所 （登記上の住所）	東京都千代田区九段南1丁目1番15号
または本人の本籍 （国籍）	

本人確認書類
□請　求　権　者
□代　理　人

□運 転 免 許 証
□健 康 保 険 証
□マイナンバーカード
□住 基 カ ー ド
□資格者証明書
　□弁 護 士
　□司 法 書 士
　□行 政 書 士
　□その他
□パ ス ポ ー ト
□（ ）
□封　　　　筒

交付通数		交付枚数	手 数 料	交付方法	受			
50枚まで	51枚以上	（合計）			付	年	月	日
				□ 窓口交付	交			
				□ 郵送交付	付	年	月	日

記入方法等　1　二重線の枠内の該当事項の□に☑のようにチェックし、所要事項を記入してください。
　　2　「登記記録を特定するための事項」には、登記番号がわかっている場合は、本人の氏名と登記番号を、不明の場合は本人の氏名・生年月日・住所または本籍（本人が外国人の場合には、国籍）を記載してください。
　　3　郵送請求の場合には、返信用封筒（あて名を書いて、切手を貼ったもの）を同封し下記のあて先に送付してください。
　　申請書送付先：〒102-8226　東京都千代田区九段南1-1-15　九段第2合同庁舎
　　　　　　　　　　　　　　　東京法務局民事行政部後見登録課

(注)　窓口請求の場合は、請求される方（代理請求の場合は代理人）の本人確認書類（運転免許証・健康保険証・マイナンバーカード・パスポート等）を窓口で提示していただきますようお願いいたします。
　　郵送請求の場合は、申請書類とともに、上記本人確認書類のコピーを同封していただきますようお願いいたします。
　　申請書に添付した戸籍謄本等の還付（返却）を希望される場合は、還付のための手続が必要です。

【登記されていないことの証明書記載例】東京法務局HPより

記載例（イ）本人の配偶者または四親等内の親族が申請する場合

「登記されていないことの証明申請書」
（後見登記等ファイル用）

記載例 03　請求できるのは、本人、本人の配偶者または四親等内の親族です。
なお、代理の方が請求する場合は、該当する方からの委任状が必要です。

東京　法務局
令和〇年 〇 月 〇 日申請

●請求される方（代理請求の場合は代理人）の本人確認書類が必要です。（裏面注4参照）

請求される方（請求権者）	住　所	東京都千代田区九段南1丁目1番15号	収入印紙を貼るところ
	（フリガナ）	コウケン　ジロウ	
	氏　名	後 見 次 郎　※ 本人確認のため、御本人に連絡する場合があります。　連絡先（電話番号 03-5213-1360 ）	収入印紙
	証明を受ける方との関係	☑本人 □配偶者 ☑四親等内の親族 □その他（　　　）	※登記印紙も使用することができます。
代理人（上記の方から頼まれた方）	住　所	↑ 本人の配偶者が申請する場合は「配偶者」にチェックしてください。	1通につき300円
	（フリガナ）		※割印はしないでください。
	氏　名	会社法人等番号（　　－　　－　　）　連絡先（電話番号　　）	
返送先（上記以外に証明書の返信先を指定される場合に記入）	住　所		※印紙は申請書ごとに必要な通数分を貼ってください。
	宛　先	※ 返信用封筒にも同一事項を記入　※ 本人確認のため、本人に連絡する場合があります。	

証明事項について、詳しくは提出先へ御確認ください。

添付書類 下記注参照	□ 委任状（代理人が請求するときに必要。また、会社等法人の代表者が社員等の分を請求する時に社員等から代表者への委任状も必要） ☑ 戸籍謄抄本等親族関係を証する書面（本人の配偶者・四親等内の親族が請求するときに必要） □ 法人の代表者の資格を証する書面（法人の代表者として請求するときに必要）（□ 添付する名称） ※戸籍謄抄本、法人の代表者の資格を証する書面は、発行から3か月以内のもの
証明事項（いずれかの□にチェックしてください）	☑ 成年被後見人、被保佐人とする記録がない。（後見・保佐を受けていないことの証明が必要な場合） □ 成年被後見人、被保佐人、被補助人とする記録がない。（後見・保佐・補助を受けていないこと… □ 成年被後見人、被保佐人、被補助人、任意後見契約の本人とする記録がない。（後見を受けていないことの証明が必要な場合） □ その他（　　　　　　　　　　）とする記録がない。（上記以外の証明を必要とする場合） ※任意後見監督人の選任の申立の際、登記事項証明書のほかに本証明書が必要な場合があります。
請求通数	1 通　※請求通数は右側の□に記入してください。

証明を受ける方の氏名のフリガナ：コウケン　ジロウ

◎証明を受ける方　この部分を複写して証明書を作成するため、字画をはっきりと、住所または本籍は番号、地番まで正確に記入してください。

①氏　名	後 見 次 郎
②生年月日	明治 大正 昭和 平成 令和　□□☑□□ または □西暦　　40年 1月 1日
③住　所	都道府県名：東 京 都　市区郡町村名：千代田区　丁目 大字 地番：九段南1丁目1番15号　住民票上の住所を記入
④本　籍 □国籍	都道府県名：東 京 都　市区郡町村名：千代田区　丁目 大字 地番（外国人は国籍を記入）：九段南1丁目1番地

提出先から特に指定がない場合は、住所または本籍（外国人の場合は④に☑し、正しい国籍名）のいずれかを記入してください。

注 請求される方（代理請求の場合は代理人）の本人確認書類は必ず提示または添付してください（裏面注4参照）。

記入方法：1．証明を受ける方の氏名のフリガナ欄は、例えば、ヤマダ　タロウ と詰めて（氏と名の間1字空け）てカタカナで記入してください。
2．外国人は氏名欄に本名義（漢字を使用しない外国人はカタカナ）を記入してください。
3．生年月日欄は、昭和に☑し、40年、1月、1日と右詰めで記入。
4．郵送請求の場合は、返信用封筒（あてを書いて、切手を貼ったもの）を同封して下記のあてに送付してください。

申請書送付先：〒102-8226 東京都千代田区九段南1-1-15　九段第2合同庁舎 東京法務局民事行政部後見登録課

○本申請書は拡大縮小せずに使用してください。

本人確認書類　□請求権者 □代理人
□運 転 免 許 証 □健 康 保 険 証 □マイナンバーカード □パ ス ポ ー ト □（　　　　　） □封　　筒

（登記所が記載します）	交付通数	交付枚数	手数料	受付	年 月 日
				交付	年 月 日

4 任意後見制度優先の原則

(1) 意 義

例えば、意思能力の低下した高齢者Aに資産があり、子の一人Bが、A
の世話をしながら財産の管理や身の回りの世話をしていましたが、その状
況に対して他の子Cらが不満を持ち、Aについて法定後見の開始等申立て
をしようとするものの、現に世話をしているBがその申立てに対抗して、
Aとの間で任意後見契約を締結し、現状を維持しようとするケースのよう
に、任意後見と法定後見が重複して適用されるような場合、現行法上は、
任意後見契約に関する法律（平成10年法律第150号、以下、「任意後見契約
法」といいます。」）10条の場面と、任意後見契約法4条1項2号の場面の
2つの場面で、任意後見制度優先の原則を採用しています。

任意後見と法定後見のどちらによって保護を行うか、という選択につい
ては、そのどちらが先行しているかを問わず、必ず家庭裁判所の判断を介
在させた上で、原則として任意後見による保護が優先し、家庭裁判所が特
別の必要性を認める場合に限って、法定後見による保護が行われるという
統一的な基準が定められています。

(2) 任意後見契約法10条の任意後見制度優先の原則

任意後見契約が登記されている場合には、家庭裁判所は、本人の利益の
ため特に必要があると認めるときに限り、法定後見開始の審判をすること
ができます（任意後見契約法10条1項）。すなわち、任意後見契約が効力
を生じていなくても、その契約締結と登記が、法定後見開始の審判に時間
的に先行する場合、家庭裁判所は、任意後見監督人の選任の有無、言い換
えれば、任意後見契約が効力を生じているか否かにかかわらず、原則とし
てその法定後見開始の審判の申立てを却下します。

(3) 任意後見契約法4条1項2号の任意後見制度優先の原則

任意後見契約が登記されている場合において、精神上の障害により本人
の事理を弁識する能力（判断能力）が不十分な状況にあるときは、家庭裁

判所は、本人、その配偶者、四親等内の親族又は任意後見受任者の請求によって、任意後見監督人を選任します（任意後見契約法4条1項本文）。しかし、その例外として、任意後見監督人選任の請求があったとしても、家庭裁判所が、本人が成年被後見人、被保佐人又は被補助人である場合において、本人に係る成年後見、保佐又は補助を継続することが本人の利益のため特に必要であると認めるときは、任意後見監督人は選任されません（任意後見契約法4条1項2号）。

第2 任意後見制度

1 意 義

判断能力が不十分な状態で行った法律行為は、意思に基づかない行為とされ、法律上の効力を生じないため、本人にその効果が帰属することはありません。具体的には、不動産や預貯金等の財産管理や医療・介護サービスを受ける契約の締結等を本人が自ら行うことができません。そこで、判断能力がしっかりとしているときに、いわば「老い支度」として、判断能力が低下したときに備え、信頼できる人にそれらの管理その他を任せることを考えることになるのですが、そのための方策として任意後見制度があります。

この任意後見制度は、将来の自分の判断能力が低下したときに備えて、事前に、信頼できる人（任意後見人）に自分の代理人として財産管理や療養看護を任せることを委任し、引き受けてもらう制度です。委任する事務の内容もある程度自由に決めることができるため、成年後見制度の基本理念の一つである自己決定権の尊重を最も具現化した制度とされています。

任意後見関係は当事者の契約により創出され、契約書は、法務省令に定める様式の公正証書によって作成されなければならないので、任意後見関係の創出には、公証人の関与が必要となります。

なお、当事者は一度契約した内容にどちらかが亡くなるまで縛られるのでは

なく、公正証書によって契約内容を変更したり、契約を解除したりすることができます。

2　任意後見人の資格

　任意後見人の資格には、特に制限がないので、司法書士や弁護士等の専門職に就任をお願いしなければならないわけではありません。したがって、子、おいめいや遠縁の親族はもちろん、血縁のない友人・知人にお願いすることもできますし、法人を任意後見人とすることもできます。

　しかし、①未成年者、②家庭裁判所で免ぜられた法定代理人、保佐人又は補助人、③破産者で復権をしていない人、④行方の知れない者、⑤本人に対して訴訟提起をしたことのある人（その配偶者と直系血族を含む。）、⑥不正な行為、著しい不行跡その他任意後見人の任務に適しない事由がある人は、不適任として任意後見人になることができません（任意後見契約法4条1項3号）。仮にそのような人を任意後見人とする任意後見契約を発効させようとして、家庭裁判所に任意後見監督人の選任申立てを行ったとしても、その申立ては却下されてしまいます。

3　任意後見人の人数

　任意後見人は、一人しか置けないわけではありません。「長男と二男」、「妻と長女」、「子が三人いるのでその全員」にお願いするという具合に、複数の人に任意後見人となることを委任することができます。

　複数の人に任意後見人を委任する場合、常にその全員が共同でしか代理権を行使することができない仕組み（共同代理）にするのか、各人がそれぞれ単独で代理権を行使することができる仕組み（個別代理）にするのかは自由に決めることができます（共同代理の場合、その旨が登記されます（後見登記法5条5号）。）。個別代理の場合、任意後見人全員が同一の事務について個別に代理権を行使する仕組みも、事務を分掌して各々に割り当てられた事務について個別に代理権を行使する仕組みも、どちらも自由に採用することができます。

　また、「長男 A に任意後見人として諸事務をお願いしたいが、 A が死亡したり、病気で任意後見人の事務を行うことができなくなったりした場合には、長女 B に任意後見人として事務を執り行ってもらいたい。」という、任意後見人の就任に順位をつけた、いわゆる予備的な任意後見人の取り決めも当事者間においては法的に有効と解釈されています（ただし、そのような取り決めは登記することができず、家庭裁判所を拘束する効果はありません。）。

4　委任できる事項

　任意後見契約で任意後見人にお願いできる事項（事務）は、次のとおりです。
① 　財産の保存、管理及び処分に関する事項
② 　金融機関、証券会社との取引に関する事項
③ 　保険契約（類似の共済契約等を含む。）に関する事項
④ 　定期的な収入の受領、定期的な支出を要する費用の支払いに関する事項
⑤ 　生活費の送金、生活に必要な財産の取得に関する事項及び物品の購入その他の日常関連取引（契約の変更、解除を含む。）に関する事項
⑥ 　医療契約、入院契約、介護契約その他の福祉サービス利用契約、福祉関係施設入退所契約に関する事項
⑦ 　要介護認定の申請及び認定に関する承認又は審査請求並びに福祉関係の措置（施設入所措置を含む。）の申請及び決定に対する審査請求に関する事項
⑧ 　シルバー資金融資制度、長期生活支援資金制度等の福祉関係融資制度の利用に関する事項
⑨ 　登記済権利証・登記識別情報、印鑑、印鑑登録カード、住民基本台帳カード、個人番号（マイナンバー）カード・個人番号（マイナンバー）通知カード、預貯金通帳、キャッシュカード、有価証券・その預り証、年金関係書類、健康保険証、介護保険証、土地・建物賃貸借契約書等の重要な契約書類その他重要書類の保管及び各事項の事務処理に必要な範囲内の使用に関する事項

⑩　居住用不動産の購入及び賃貸借契約並びに住居の新築・増改築に関する請負契約に関する事項

⑪　登記及び供託の申請、税務申告、各種証明書の請求に関する事項

⑫　遺産分割の協議、遺留分侵害額の請求、相続放棄、限定承認に関する事項

⑬　配偶者、子の法定後見開始の審判の申立てに関する事項

⑭　新たな任意後見契約の締結に関する事項

⑮　復代理人の選任、事務代行者の指定に関する事項

　以上のように、財産の管理や療養看護に関するものを中心に多岐に渡ります。①～⑮のうち、どの事項を委任するかは、受任者との話し合いのもと、自由に決定することができます。

　なお、本人が詐欺や悪徳商法の被害に遭ってしまった場合の民法や消費者契約法上の取消権の行使は、財産の保存・管理に関する代理権が付与されていれば、代理人として任意後見人が行使できるとされています（しかし、任意後見人は、法定後見人のような包括的な取消権を有しているわけではありません。）。

5　委任できない事項

　任意後見契約で任意後見人に委任できる事務は、法律行為に関するものに限られるので、病院や買い物への付き添い、炊事・家事・洗濯、定期的な見回り（訪問）のような、いわゆる事実行為を委任することはできません。そのような事務を委任するときには、任意後見契約とは別にそのような日常家事に関する準委任契約を締結することになります。

　また、任意後見契約で委任できる事務は、本人の生前に必要となるものに限られます。具体的な死後の事務として、①祭祀関係では、遺体の引取り、親族・菩提寺への連絡、埋火葬のための手続、葬儀、火葬、供養、菩提寺・墓所の選択、墓石の建立、埋葬、墓所の管理、永代供養、墓の改葬、それらの費用等の支払、相続人・その他親族への報告等。②債務等の清算関係として、医療費の支払、入院保証金の受領、老人ホーム等の施設利用料の支払、入所保証金

の受領、公共料金・その他日常家事債務の支払、家賃の支払、入居保証金（敷金）の受領、地代その他の賃料の支払等。③住まい、その他身辺整理関係として、入院先の私物の引取り、入所施設の退去手続・明渡し、賃貸不動産の解約・明渡し、不要な家財道具や生活用遺品の処分、公的年金担当窓口・日本年金機構への届出手続等は、任意後見契約ではなく、別に死後事務の委任契約を締結することで実現することになります。

　さらに、会社の経営等の一身専属的な事項や医療行為についての同意も、任意後見契約では委任することができません。

6　任意後見契約の類型

　任意後見契約には、将来型、即効型、移行型の次の3つの類型があります。

(1)　将来型

　　任意後見契約も、契約という法律行為によって締結するため、その契約を締結する際には、当事者にその契約内容を十分に理解し得る判断能力を有することが必要です。

　　この「将来型」は、本人が十分に判断能力を有するときに、後述の移行型における任意の財産管理契約を締結することなく、任意後見契約のみを締結し、将来的に判断能力が低下してきたときに、その効力を生じさせるという類型です。この将来型は、任意後見制度が予定している基本的な類型です。

　　なお、「将来型」は、本人の判断能力が低下するまでの期間が相当の長期にわたる可能性があり、任意後見契約の効力発生がかなり先になることがあります。当事者の関係性にもよりますが、定期的に面会等をしていないと任意後見契約の効力を生じさせるための任意後見監督人の選任申立てをする機会の見極めが難しいこともあるので注意が必要です。

(2)　即効型

　　任意後見契約は、契約を締結する際に、本人の判断能力が十分でなく、法定後見でいう保佐や補助の対象となり得る状況でも、契約を締結する際

に判断能力があれば、締結することができます。

　この「即効型」は、本人の判断能力が既に低下傾向にあるため、任意後見契約の締結後直ちに任意後見契約の効力を発生させる類型です。

　なお、この即効型の任意後見契約については、当該契約時点において、契約締結に必要な判断能力を有していたかどうかが争いの種となり、一旦有効に成立した任意後見契約の効力が後日に覆ることがあり得ます。そこで、即効型の任意後見契約を締結しようとする場合には、法定後見の開始等申立てを行うことをも考慮しながら、他の類型の契約に比して、より慎重に契約締結時の本人の判断能力の程度を見極める必要があります。

(3)　移行型

　任意後見制度は、本人の判断能力が低下したときに効力を生じる制度ですが、十分な判断能力を有していたとしても、傷病等で身体的に日常生活を送ることが難しく、財産管理や療養看護を誰か信頼できる人に任せたい、という人も多いと思います。

　そのような場合、信頼できる人との間で任意の財産管理契約を締結することで、判断能力が低下する前の財産管理や療養看護を法的に任せることができます。

　この「移行型」は、任意後見人としての事務を行ってもらう人に、本人の判断能力が低下する前は、任意の財産管理契約で財産の管理や療養看護を任せ、本人の判断能力が低下した後は、任意後見契約に移行させて、引き続きそれらを任せる類型です。

　実務上行われている典型的な活用類型は、この移行型です。実務上は、任意の財産管理契約と任意後見契約の委任事項は、ほとんど同じ内容とすることが多いようですが、大きく異なる点が1つあります。それは、任意の財産管理契約においては、財産の「処分」を委任事項とすることができないという点です。「処分」という法律行為は、具体的には物の売買等を指すのですが、本人にとってとても影響の大きい法律行為であるといえます。任意の財産管理契約が効力を生じている段階では、本人に判断能力が

あるので、そのような重要な法律行為の代理を行う場合は、任意の財産管理契約で包括的に定めるのではなく、都度個別に委任を受けて行うべきであるという趣旨です。一方、任意後見契約の委任事項に財産の処分を含めることができるのは、任意後見契約が効力を生じている段階では、本人の判断能力が既に低下しているため、そのような個別の委任をすることができず、むしろ包括的に財産の処分権まで与えないと、後見事務に支障が生じることが多いためです。

　なお、「移行型」において、本人（委任者）の判断能力が低下したにも関わらず、任意の財産管理契約の受任者が、任意後見契約が効力を生じた後の任意後見監督人の監督下の任意後見人としての事務執行を回避するため、家庭裁判所への任意後見監督人の選任申立てを避けて、任意の財産管理契約の受任者のまま、本人の代理人として財産管理等の事務を行っているケースがあるのではないかとの指摘があります。こうしたケースが任意後見契約の発効件数を抑止する要因となっているといわれています。法務局登記統計によると、単年度における任意後見契約の発効率は概ね5〜6.5％で推移していて、本人が判断能力の低下する前に死亡しているということだけではその理由を説明できない程、低い発効率だといえます。本人の判断能力が低下しているということは、本人は、任意の財産管理契約の受任者が、当初締結した契約のとおり事務執行しているかをチェックすることができず、その受任者が権限を濫用する可能性が高いので、適切なタイミングでの移行がなされることが望まれます。

7　任意後見契約を発効させる手続

　任意後見契約は、任意後見監督人が選任された時からその効力を生じます。任意後見監督人は、任意後見契約を締結した本人（委任者）、その配偶者、四親等内の親族又は任意後見契約の受任者が、申立書及び附属書類一式を本人の住所地の家庭裁判所に提出し、申し立てることで選任されます。なお、任意後見監督人の選任には、原則的に、本人の申立て又は同意が要件とされています

（任意後見契約法4条3項）が、本人の判断能力の低下の程度が著しく、同意の意思表示ができない場合は、その同意を要せずに選任できるとされています（任意後見契約法4条3項但書）。

8　任意後見監督人

(1)　意　義

　　任意後見制度では、家庭裁判所は、任意後見人に対して、任意後見監督人を介して間接的に監督するに留まり、任意後見人から定期的に報告を受け、直接的に調査・監督・指導するのは任意後見監督人の役割となります。

(2)　資　格

　　任意後見監督人の資格については、任意後見人と同様に規定はありませんが、実務上は、司法書士、弁護士、社会福祉士等の専門職が選任されることが多いです。家庭裁判所は法人を任意後見監督人に選任することもできます。

　　ただし、①未成年者、②家庭裁判所で免ぜられた法定代理人、保佐人又は補助人、③破産者で復権をしていない人、④行方の知れない者（任意後見契約法7条4項の準用する民法847条）、⑤本人に対して訴訟提起をしたことのある者（その配偶者と直系血族を含む。）、さらに⑥任意後見人又は任意後見受任者の配偶者、直系血族及び兄弟姉妹（任意後見契約法5条）は、任意後見監督人になることはできません。

　　なお、任意後見監督人は、任意後見契約の中で特定の人を指定して記載することができます。家庭裁判所による任意後見監督人の選任は、①本人の心身の状態並びに生活及び財産の状況、②任意後見監督人となる者の職業及び経歴並びに本人との利害関係の有無、③任意後見監督人となる者が法人であるときは、その事業の種類及び内容並びにその法人及びその代表者と本人との利害関係の有無、④本人の意見、⑤その他一切の事情を考慮するものとされています（任意後見契約法7条4項の準用する民法843条4項）。選任についての裁量は家庭裁判所にあるため、必ずその人が任意

後見監督人に選任されるとは限りませんが、まずその人が候補者として検討されることになるので、任意後見契約の締結時にそのような希望があれば、契約書の中にその旨を記載しておくべきです。

(3)　**人　数**

家庭裁判所は、任意後見監督人を複数選任することができます。既に任意後見監督人が選任されていても、追加的に選任して複数にすることもできます（任意後見契約法4条5項）。

(4)　**職　務**

任意後見監督人の職務は次のとおりです。

① 　任意後見人の事務を監督すること（任意後見契約法7条1項1号）

② 　任意後見人の事務に関し、家庭裁判所に定期的に報告をすること（任意後見契約法7条1項2号）

③ 　急迫の事情がある場合に、任意後見人の代理権の範囲内において、必要な処分をすること（任意後見契約法7条1項3号）

④ 　任意後見人又はその代表する者と本人との利益が相反する行為について本人を代表すること（任意後見契約法7条1項4号）

⑤ 　いつでも、任意後見人に対し任意後見人の事務の報告を求め、又は任意後見人の事務若しくは本人の財産の状況を調査すること（任意後見契約法7条2項。実務上、任意後見契約において、任意後見人は、任意後見監督人に対して2〜3か月ごとに財産管理の状況や本人の健康状態を報告しなければならないとされていることが多いようです。）

⑥ 　任意後見人に不正な行為、著しい不行跡その他その任務に適しない事由があるときに家庭裁判所に対して解任を請求すること（任意後見契約法8条）

⑦ 　任意後見契約において、任意後見監督人の同意を要するとされた事項について、同意をすること

⑧ 　任意後見契約が終了した場合の後見終了の登記を申請すること（後見登記法8条2項）　等

⑸　**家庭裁判所による間接的な監督**

　家庭裁判所は、必要があると認めるときは、任意後見監督人に対し、任意後見人の事務に関する報告を求め、任意後見人の事務若しくは本人の財産の状況の調査を命じ、その他任意後見監督人の職務について必要な処分を命じることで（任意後見契約法7条3項）、間接的に任意後見人を監督します。

　任意後見人に不正な行為、著しい不行跡その他その任務に適しない事由があると認めるときは、任意後見監督人（本人、その親族又は検察官を含む。）は、家庭裁判所に対し、任意後見人の解任を請求することができますが（任意後見契約法8条）、家庭裁判所は、職権で任意後見人を解任することはできません。一方、任意後見監督人に不正な行為、著しい不行跡その他その任務に適しない事由があると認めるときは、家庭裁判所は、本人、その親族若しくは検察官の請求によって、又は職権で、任意後見監督人を解任することができます（任意後見契約法7条4項の準用する民法846条）。

⑹　**任意後見監督人が欠けた場合**

　任意後見監督人が辞任・死亡等で欠けた場合であっても、家庭裁判所は、本人、その親族若しくは任意後見人の請求により、又は職権で、新たな任意後見監督人を選任します（任意後見契約法4条4項）。任意後見監督人が欠けても任意後見人の権限に影響はありません。

⑺　**任意後見監督人の追加選任**

　任意後見監督人が選任されている場合であっても、家庭裁判所は、必要があると認めるときは、本人、その親族若しくは任意後見人の請求により、又は職権で、更に任意後見監督人を選任することができます（任意後見契約法4条5項）。

9　報　酬

(1)　任意後見人の報酬

　　任意後見人は、司法書士等の専門職だけでなく、本人の親族や友人・知人等が就任することができます。専門職が就任する場合はもちろんですが、親族等が任意後見人になるときでも、任意後見契約の規定中に報酬額を定めることで、任意後見人としての職務遂行について報酬を得ることができます。月額で定めることが多く、概ね月1万円から5万円の報酬額とするケースが多いと思います。もちろん、親族等に任意後見人としての職務をお願いする場合は、親族間だからと無報酬で請け負う方も多いようです。その際は、報酬が無報酬である旨を任意後見契約の規定中に記載することが一般的です。なお、移行型の任意後見契約に移行する前の任意の財産管理契約の受任者の報酬についても同じように考えることができます。

(2)　任意後見監督人の報酬

　　任意後見契約は、任意後見監督人が選任されたときに効力を生じます。その任意後見監督人の報酬は、年に1度、任意後見監督人が家庭裁判所に対して監督事務報告書を提出するときに、併せて報酬付与の審判の申立てを行うことで、家庭裁判所が決定します。

　　任意後見監督人の報酬は、報酬付与の審判の対象となる期間中の監督事務の内容、本人の財産の額や内容等が考慮され、概ね月1万円から3万円を基準に、就任時又は前回の報酬付与の審判の対象期間後から1年分の報酬額として決定されます。

　　任意後見監督人は、家庭裁判所の報酬付与の審判を受けたときは、審判書に記載された報酬額を任意後見人に請求し、その支払いを受けることになります。

10　任意後見契約の解除

(1)　任意後見契約の効力発生前の解除

　　任意後見監督人が選任される前においては、本人（委任者）又は任意後見受任者は、いつでも、公証人の認証を受けた書面によって、任意後見契約を解除することができます（任意後見契約法9条1項）。

　　解除には、合意解除と一方的解除があります。合意解除は、その意思表示を記載した書面に公証人の認証を受けることで効力を生じますが、一方的解除は、解除の意思表示を記載した書面に公証人の認証を受け、それを配達証明付内容証明郵便にて相手方に送付し、それが到達したときに効力を生じます。

　　解除が効力を生じた場合、申請書に加えて、合意解除においては、公証人の認証を受けた書面、一方的解除においては、配達証明付内容証明郵便の謄本と配達証明の葉書を添付して、終了の登記を東京法務局民事行政部後見登録課に申請します。

(2)　任意後見契約の効力発生後の解除

　　任意後見監督人が選任された後においては、本人（委任者）又は任意後見人は、正当な事由がある場合に限り、家庭裁判所の許可を得て、任意後見契約を解除することができます（任意後見契約法9条2項）。この許可を得て解除する場合、その許可を得た任意後見人は、終了の登記申請書にその許可審判書の謄本と確定証明書を添付して、(1)の任意後見契約の効力発生前の解除と同じように、終了の登記を東京法務局民事行政部後見登録課に申請します。

第3 法定後見制度

1 意 義

　判断能力が不十分な状態で行った法律行為は、意思に基づかない行為とされ、法律上の効果を生じないため、本人にその効果が帰属することはありません。本人の判断能力が既にそのような状態にあるときは、他の人に法定代理人として法律行為や財産管理等を任せる必要があります。

　法定後見は、本人の判断能力が不十分な状態にあるときに、事後的に、家庭裁判所に対して本人の代理人を選任してもらう制度です。任意後見制度と異なり、契約ではなく、家庭裁判所に対する後見開始等申立てを行うことによって、利用を開始します。

2 類 型

　法定後見制度には、本人の判断能力の程度に応じて成年後見、保佐、補助の3類型があります。実務上、これらのうちのどの類型を選択するかという点については、後見開始等申立書の添付書類である医師の診断書の内容を基準に判断することになります。

(1) 成年後見類型

ア 本人の判断能力の程度

　　本人が、精神上の障害により事理を弁識する能力を欠く状況にある場合が、成年後見類型です（民法7条）。3類型の中で判断能力の低下の程度が最も重く、一時的に回復することはあっても、通常は自分の行為の結果について合理的な判断をする能力がない状態、すなわち、日常的に必要な買い物も自分ですることができないくらいの低下の程度を意味します。認知症、知的障害、精神障害のほかにも、事故による脳の損傷等からそのような状態になった人についての類型です。

イ　申立権者

　家庭裁判所に対する成年後見開始の申立ては、民法7条により、本人、その配偶者、四親等内の親族、未成年後見人、未成年後見監督人、保佐人、保佐監督人、補助人、補助監督人又は検察官が行うことができるとされています。また、任意後見契約法10条2項により、任意後見受任者、任意後見人又は任意後見監督人も申し立てることができるとされています。さらに、老人福祉法32条、知的障害者福祉法28条、精神保健及び精神障害者福祉に関する法律51条の11の2により、市町村長も申立てをすることができます（特別区の長も同様です（地方自治法281条、281条の2第2項）。）。

　なお、成年後見類型においては、本人は、精神上の障害により事理を弁識する能力（判断能力）を欠く状況にあるため、本人から申立てをするのは、本人の判断能力が回復している場合等に限られます。

ウ　成年後見人の権限

　成年後見人は、本人の生活、療養看護及び財産の管理に関する事務を行うに当たっては、本人の意思を尊重し、かつ、その心身の状態及び生活の状況に配慮しなければなりません（民法858条。身上配慮義務）。

①　代理権の行使

　成年後見人は、本人の「財産管理」及び本人の財産に関する「法律行為」に対して全面的・包括的な代理権を有します（民法859条1項）。

　「財産管理」とは、財産の保全、財産の性質を変えない範囲での利用、改良を目的とする一切の事実上及び法律上の行為のことを意味し、それに必要な範囲での処分行為も含まれます。

　「法律行為」について、民法859条1項において「財産に関する法律行為」と規定されていますが、医療、住居の確保、施設の入退所・処遇の監視・異議申立て等、介護・生活維持、教育・リハビリ等に関する契約の締結・解除、費用の支払等の生活・療養看護に関する行為を含むと解釈されています。

②　取消権の行使

　　成年後見人は、本人の日用品の購入その他日常生活に関する行為を除き、全面的・包括的な取消権を有します（民法9条）。

　　また、詐欺や強迫等による契約だったとしても、その事実を立証することなく、理由なしに、その契約を取り消すことができます（民法120条2項）。さらに、本人が既にした行為について、成年後見人は事後的に追認すると当該行為を取り消すことができなくなり（取消権の放棄）、本人が既にした行為は有効なものとして確定します（民法122条、同法120条1項）。

(2)　**保佐類型**

ア　**本人の判断能力の程度**

　　本人が、精神上の障害により事理を弁識する能力が著しく不十分である場合が、保佐類型です（民法11条本文）。3類型の中で判断能力の低下の程度が中度で、日常的に必要な買い物等はすることができるものの、民法13条1項各号に定める次の重要な法律行為をすることができないくらいの低下の程度を意味します。

①　元本を領収し（元本から生ずる法定果実（例えば、地代、家賃、利息等）の受領は除く。）又は利用すること

②　借財又は保証をすること（時効完成後の債務の承認、約束手形の振出・裏書等も含む。）

③　不動産その他重要な財産に関する権利の得喪を目的とする行為をすること

④　訴訟行為をすること（相手方が提起した訴え又は上訴について訴訟行為をすることは除く。）

⑤　贈与、和解又は仲裁合意（仲裁法（平成15年法律第138号）2条1項に規定する仲裁合意をいいます。）をすること（負担付きでない贈与を受けることは除く。）

⑥　相続の承認若しくは放棄又は遺産の分割をすること

⑦　贈与の申込みを拒絶し、遺贈を放棄し、負担付贈与の申込みを承諾し、又は負担付遺贈を承認すること

⑧　新築、改築、増築又は大修繕をすること

⑨　民法602条に定める期間を超える賃貸借をすること

⑩　①から⑨に掲げる行為を制限行為能力者（未成年者、成年被後見人、被保佐人及び民法17条1項の審判を受けた被補助人をいう。）の法定代理人としてすること

イ　申立権者

　家庭裁判所に対する保佐開始の申立ては、民法11条より、本人、その配偶者、四親等内の親族、後見人、後見監督人、補助人、補助監督人又は検察官が行うことができるとされています。また、任意後見契約法10条2項は、「後見開始の審判等の請求」について、任意後見受任者、任意後見人又は任意後見監督人が申し立てることができると定めますが、この「後見開始」には、保佐及び補助も含む趣旨と解されているので、同項により、任意後見受任者、任意後見人又は任意後見監督人は、保佐開始の申立てをすることができます。なお、市町村長や特別区の長も申立てができることは成年後見類型と同じです。

ウ　保佐人の権限

　保佐人は、保佐の事務を行うに当たっては、本人の意思を尊重し、かつ、その心身の状態及び生活の状況に配慮しなければなりません（民法876条の5第1項。身上配慮義務）。

① 同意権・取消権の行使

　保佐人の基本的な権限は、民法13条1項各号に定める行為について、同意権や取消権を行使することです。本人が、保佐人の同意を要する行為について、同意を得ないでした場合は、本人や保佐人はその行為を取り消すことができます（民法13条4項、120条1項）。

　イの申立権者又は保佐人若しくは保佐監督人は、保佐開始の審判の申立てと同時に、又は保佐開始の審判がされた後に、家庭裁判所に民

法13条 1 項各号に定める行為以外の行為について同意権を行使することができるように請求することができます（民法13条 2 項本文）。同意権の行使の対象となる行為は、取消権の行使の対象となる行為と同一なので、それにより取消権の行使の対象となる行為の範囲が広がることになります。ただし、民法 9 条但書に定める「日用品の購入その他日常生活に関する行為」については、同意権の行使の対象に含めることはできません（民法13条 2 項但書）。なお、本人、その配偶者、四親等内の親族、未成年後見人、未成年後見監督人、保佐人、保佐監督人又は検察官の家庭裁判所への請求により、同意権の行使対象として追加的に定めた行為の全部又一部を取り消すこともできます（民法14条 2 項）。

　また、保佐人が本人の利益を害するおそれがないにもかかわらず同意をしないときは、家庭裁判所は、本人の請求により、保佐人の同意に代わる許可を与えることができます（民法13条 3 項）。

②　代理権の行使

　保佐人は、当然に本人に対する代理権を有するわけではありませんが、イの申立権者又は保佐人若しくは保佐監督人は、保佐開始の審判の申立てと同時に、又は保佐開始の審判がされた後に家庭裁判所に請求することによって、本人のために特定の法律行為について保佐人に代理権を付与するよう請求することができます（民法876条の 4 第 1 項）。ただし、本人以外の者の請求によってこの代理権付与の審判をするには、本人の同意が必要となります（民法876条の 4 第 2 項）。代理権を付与することができる「特定の法律行為」は、実務上、保佐・補助開始の審判申立てに用いる代理行為目録を参考に判断することが多いです。

　また、イの申立権者又は保佐人若しくは保佐監督人は、家庭裁判所に請求することにより、保佐人に付与した代理権の全部又は一部を取り消すことができます（民法876条の 4 第 3 項）。

(3)　補助類型

ア　本人の判断能力の程度

　　本人が、精神上の障害により事理を弁識する能力が不十分である場合が、補助類型です（民法15条1項本文）。3類型の中で判断能力の低下の程度が最も軽度で、民法13条1項各号に定める重要な法律行為を自分で行うことも不可能ではないものの、判断能力が不十分であるため、その一部について自分で行うことが不安であるというくらいの低下の程度を意味します。

イ　申立権者

　　家庭裁判所に対する補助開始の申立ては、民法15条1項本文により、本人、その配偶者、四親等内の親族、後見人、後見監督人、未成年後見人、未成年後見監督人、保佐人、保佐監督人又は検察官が行うことができるとされています。また、任意後見契約法10条2項により、任意後見受任者、任意後見人又は任意後見監督人が申立てをすることができることと、市町村長や特別区の長も申立てができることは、(2)保佐類型と同じです。

　　なお、補助類型は、成年後見類型や保佐類型よりも本人の判断能力の低下の程度が軽度であるため、本人以外の者の請求によって、この補助開始の審判をするには本人の同意が必要となります（民法15条2項）。

ウ　補助人の権限

　　補助人も、保佐人と同様、その事務を行うに当たっては、本人の意思を尊重し、かつ、その心身の状態及び生活の状況に配慮しなければなりません（民法876条の10の準用する同法876条の5第1項。身上配慮義務）。しかし、補助人は、保佐人と異なり、本人に対してどのような同意権・代理権を有するかは、補助開始の審判によって定まるのではなく、同意権付与の審判又は代理権付与の審判によって定まります。そのため、補助人が、同意権がなく代理権のみを有することも、代理権がなく同意権のみを有することも、同意権と代理権の両方を有することもあります。

① 同意権・取消権の行使

　イの申立権者又は補助人若しくは補助監督人は、家庭裁判所に対し、民法13条1項各号に定める行為の一部について同意権を付与する旨の審判を申し立てることができます（民法17条1項）。なお、本人以外の者の請求によって同意権付与の審判をするには、本人の同意が必要となります（民法17条2項）。本人が、補助人の同意権が付与された行為をするには、補助人の同意を要し、本人が補助人の同意を得ずにその行為をした場合は、補助人だけでなく、本人もその行為を取り消すことができます（民法17条4項、120条1項）。この同意権付与の審判は、本人、その配偶者、四親等内の親族、未成年後見人、未成年後見監督人、補助人、補助監督人又は検察官による家庭裁判所への請求によって、後でその全部又は一部を取り消すことができます（民法18条2項）。

　なお、補助人が本人の利益を害するおそれがないにもかかわらず同意をしないときは、家庭裁判所は、本人の請求により、補助人の同意に代わる許可を与えることができます（民法17条3項）。

② 代理権の行使

　イの申立権者又は補助人若しくは補助監督人は、家庭裁判所に対し、本人のために特定の法律行為について補助人に代理権を付与するよう請求することができます（民法876条の9第1項）。なお、本人以外の者の請求によって代理権付与の審判をするには、本人の同意が必要となります（民法876条の9第2項の準用する民法876条の4第2項）。

　代理権を付与することができる「特定の法律行為」は、実務上、保佐・補助開始の審判申立てに用いる代理行為目録を参考に判断することが多いです。

　また、この代理権の付与の審判は、イの申立権者又は補助人若しくは補助監督人又は検察官による家庭裁判所への請求によって、後でその全部又は一部を取り消すことができます（民法876条の9第2項の

準用する民法876条の4第3項）。

3　同意権・代理権の制限

(1)　利益相反

　　本人と法定後見人との間で利益相反する行為については、法定後見人には権限がなく、代わりに家庭裁判所の選任する特別代理人（保佐類型の場合は臨時保佐人、補助類型の場合は臨時補助人）が同意権又は代理権を行使します（民法860条本文の準用する同法826条、876条の2第3項本文、876条の7第3項本文。）。ただし、法定後見監督人がある場合は、利益相反行為について法定後見監督人が本人を代理するので（民法851条4号、876条の3第2項、876条の8第2項）、特別代理人の選任は不要です。

(2)　詐　術

　　本人が相手方に対して有効な法律行為をすることができると詐術を用いた場合は、法定後見人は、その法律行為を取り消すことができません（民法21条）。

(3)　その他

　　法定後見人の代理権は次の場合にも制限されます。

①　雇用契約等、本人の事実行為を目的とする債務を生ずべき法律行為をする場合には、本人の同意を得なければなりません（民法859条2項の準用する民法824条但書、876条の5第2項、876条の10第1項）。

②　法定後見人が複数ある場合、家庭裁判所が職権で、数人の法定後見人が共同して又は事務を分掌して、その権限を行使すべきことを定めた場合は、その代理権が制限されることがあります（民法859条の2、876条の5第2項、876条の10第1項）。

③　（成年後見類型のみ）後見監督人がある場合、成年後見人が、本人に代わって営業や民法13条1項各号に定める行為をするときは、後見監督人の同意を得る必要があります（民法864条本文。ただし、民法13条1項1号の元本の領収を除く（民法13条1項但書）。）。その同意なくして

なされた行為は、本人や成年後見人が取り消すことができます（民法865条）。

④　本人の居住用不動産を処分（売却、賃貸、賃貸借の解除、抵当権の設定、その他これに準ずる行為）するときは、家庭裁判所の許可を得なければなりません（民法859条の3、876条の5第2項、876条の10第1項）。

⑤　法定後見人が代理権を行使できるのは、財産管理とその財産についての法律行為に対してなので、本人の身分行為（婚姻・離婚・養子縁組・離縁等）までも代理することはできません。

4　法定後見人の資格

　法定後見人の資格には、特に制限がないので、司法書士、弁護士、社会福祉士等の専門職だけでなく、本人の親族等も法定後見人になることがあります。また、家庭裁判所は法人を法定後見人に選任することもできます。ただし、①未成年者、②家庭裁判所で免ぜられた法定代理人、保佐人又は補助人、③破産者で復権をしていない人、④本人に対して訴訟提起をしたことのある者（その配偶者と直系血族を含む。）、⑤行方の知れない者は、不適任として法定後見人になることができません（民法847条、876条の2第2項、876条の7第2項）。

5　法定後見人の人数

　家庭裁判所は、法定後見人について、複数の者を選任することができます（例えば、財産管理権を専門職後見人、身上保護権を親族後見人に分掌する等）。既に、法定後見人が選任されているときに、追加的に選任して複数にすることができます（民法843条3項、876条の2第2項、876条の7第2項）。

6　法定後見人の選任手続

　家庭裁判所は、法定後見開始の審判をするときは、職権で、法定後見人を選任します（民法843条1項、876条の2第1項、876条の7第1項）。申立人は、法定後見開始等申立書に法定後見人の候補者を記載することができますが、法

定後見人を誰にするかの決定権は、家庭裁判所にあります。家庭裁判所は、法定後見人を選任するにあたって、①本人の心身の状態並びに生活及び財産の状況、②法定後見人となる者の職業及び経歴並びに本人との利害関係の有無、③法定後見人となる者が法人であるときは、その事業の種類及び内容並びにその法人及びその代表者と本人との利害関係の有無、④本人の意見、⑤その他一切の事情を考慮して（民法843条４項、876条の２第２項、876条の７第２項）、申立書記載の候補者を法定後見人に選任することの妥当性を検討し、場合によっては、後見人候補者名簿に載っている司法書士（又は弁護士、行政書士、社会福祉士等）を選任します。そのため、任意後見と異なり、確実に意図する人を後見人に指定できるわけではありません。

　また、法定後見人が、辞任・解任・死亡・欠格事由の発生等により欠けたときは、家庭裁判所は、本人若しくはその親族その他の利害関係人の請求により又は職権で、法定後見人を選任します（民法843条２項、876条の２第２項、876条の７第２項)。

7　法定後見監督人

(1)　意　義

　　任意後見においては、任意後見監督人は必置の機関とされ、家庭裁判所は、任意後見人に対して任意後見監督人を通した間接的な監督をしていく仕組みがとられていますが、法定後見においては、法定後見人の監督は、家庭裁判所の第一次的な役割とされています。この家庭裁判所による監督を補充するものとして、法定後見監督人の制度（成年後見類型について後見監督人、保佐類型について保佐監督人、補助類型について補助監督人）を設けていますが、家庭裁判所は、法定後見監督人が選任されていたとしても直接に法定後見人を監督できます。

(2)　資　格

　　法定後見監督人の資格は、特に制限がありませんが、実務上は、司法書士、弁護士、社会福祉士等の専門職が選任されることが多いです。また、

家庭裁判所は法人を法定後見監督人に選任することもできます。ただし、①未成年者、②家庭裁判所で免ぜられた法定代理人、保佐人又は補助人、③破産者、④本人に対して訴訟提起をしたことのある者（その配偶者と直系血族を含む。）、⑤行方の知れない者は、不適任として法定後見監督人になることができません（民法852条の準用する同法847条、876条の3第2項、876条の8第2項）。また、法定後見人の配偶者、直系血族及び兄弟姉妹も欠格事由とされています（民法850条、876条の3第2項、876条の8第2項）。

(3) **人 数**

　家庭裁判所は、法定後見監督人について、複数の者を選任することができます。既に、法定後見監督人が選任されているときに、追加的に選任して複数にすることができます。

(4) **選任される場合**

　法定後見においては、任意後見と異なり、法定後見監督人が必ず置かれるわけではありません。

　法定後見においては、家庭裁判所が「必要があると認めるとき」に、本人、その親族若しくは法定後見人の請求、又は職権によって、法定後見監督人を選任することができます（民法849条、876条の3第1項、876条の8第1項）。この「必要があると認めるとき」とは、個々の事案ごとに諸般の事情を総合考慮して法定後見監督人の関与が本人の保護や自己決定権の尊重にとって望ましいと判断される場合を指し、東京家庭裁判所後見サイトに掲載されている「成年後見人・保佐人・補助人ハンドブック（Q＆A付き）」によると、後見監督人が選任される具体的ケースとしては、

①　本人の流動資産が1,000万円以上あるが、後見制度支援信託・後見制度支援預金制度の利用がない場合

②　親族間に意見の対立がある場合

③　財産の額や種類が多い場合

④　不動産の売買や生命保険金の受領が予定されている等、申立ての動

機となった課題が重要な法律行為を含んでいる場合

⑤　遺産分割協議等、成年後見人と本人との間で利益相反する行為について後見監督人に本人の代理をしてもらう必要がある場合

⑥　成年後見人と本人との間に高額な賃借や立替金があり、その清算の可否について本人の利益を特に保護する必要がある場合

⑦　従前、成年後見人と本人との関係が疎遠であった場合

⑧　賃料収入等、年によって大きな変動が予想される財産を保有するため、定期的な収入状況を確認する必要がある場合

⑨　成年後見人等と本人との生活費等が十分に分離されていない場合

⑩　提出された財産目録や年間収支予定表等の記載が十分でない等、今後の成年後見人としての適正な事務遂行に不安がある場合

⑪　後見人候補者が自己又は自己の親族のために本人の財産を利用（担保提供を含む。）し、又は利用する予定がある場合

⑫　被後見人について、訴訟・調停・債務整理等、法的手続を予定している場合

⑬　本人の財産状況が不明確であり、その調査について専門職による助言を要する場合

とされています。

　法定後見監督人は、今後想定される後見事務に法律の専門知識が必要となることが予想される場合の課題解決、法定後見人の職務が適正に行われるようにサポートするための助言・指導、法定後見人の職務の不正が疑われる場合の防止・是正といった必要性が高い場合に、設置されます。なお、その際は、①本人の心身の状態並びに生活及び財産の状況、②法定後見監督人となる者の職業及び経歴並びに本人との利害関係の有無、③法定後見監督人となる者が法人であるときは、その事業の種類及び内容並びにその法人及びその代表者と本人との利害関係の有無、④本人の意見、⑤その他一切の事情が考慮されます（民法852条の準用する同法843条4項、876条の3第2項、876条の8第2項）。選任されるタイミングは、法定後見開始

と同時、監督人が辞任・解任・死亡・欠格事由の発生等で欠けた時、開始後に監督人選任の必要が生じた時等、事案ごとによって様々です。

(5)　職　務

法定後見監督人の職務は、次のとおりとされています（民法851条、876条の3第2項、876条の8第2項）。

①　法定後見人の事務を監督すること（民法851条1号）

②　法定後見人が欠けた場合に、遅滞なくその選任を家庭裁判所に請求すること（民法851条2号）

③　急迫の事情がある場合に、必要な処分をすること（民法851条3号）

④　法定後見人又はその代表する者と本人との利益相反行為について本人を代表すること（民法851条4号）

①が法定後見監督人の主たる職務とされており、具体的には、いつでも、法定後見人に対して、事務の報告若しくは財産の目録の提出を求め、又は後見事務若しくは本人の財産の状況を調査すること（民法863条1項、876条の5第2項、876条の10第1項）、本人の財産の管理その他後見事務について必要な処分を命ずることを請求すること（民法863条2項、876条の5第2項、876条の10第1項）、法定後見人の解任（民法846条、876条の3第2項、876条の8第2項）、財産目録の作成への立会い（民法853条2項、保佐人監督人・補助監督人については、保佐人・補助人に財産管理についての代理権が付与されていても必ずしも財産目録の作成に立会う法律上の義務はありませんが、実務上は、立会うように家庭裁判所から指示を受けることが多いようです。）、（成年後見類型のみ）成年後見人が本人に代わって営業若しくは民法13条1項各号の行為をすることに対する同意（民法864条）等を行います。

8　報　酬

法定後見人及び法定後見監督人の報酬は、年に1度、家庭裁判所に対して定期報告書を提出するときに、併せて報酬付与の審判の申立てを行うことで、家

庭裁判所が決定します。

　報酬は、報酬付与の審判の対象となる期間中の後見事務や監督事務の内容、本人の財産の額や内容等が考慮され、法定後見人は概ね月1万円から5万円を基準に、法定後見監督人は概ね月1万円から3万円を基準に、就任時又は前回の報酬付与の審判の対象期間後から1年分の報酬額として決定されます。

9　法定後見の終了事由

　法定後見は、本人の死亡（失踪宣告を含む。）、後見開始の審判の取消しがなされたときに終了します。

　なお、法定後見人及び法定後見監督人の辞任・解任・死亡・欠格事由の発生は、法定後見の終了事由ではなく、新たな法定後見人や法定後見監督人が就任する事由となります。

10　後見制度支援信託・後見制度支援預金制度

　本人の現預貯金・有価証券が一定額以上あるときに、それが法定後見の成年後見類型の事案であれば、後見制度支援信託の適用対象となります。

　後見制度支援信託制度とは、一定額以上の現預貯金、株式、国債等を有する本人（成年被後見人及び未成年被後見人に限る。）の財産のうち、日常的な支払いをするのに十分な金銭を現預貯金として、概ね200万円から300万円を親族後見人の管理下に残し、入所施設の毎月の費用や日々の生活に必要な支払いを柔軟に行うことができるようにした上で、通常使用しない部分を信託銀行等に信託する制度です。信託財産は、金銭に限定されていて、信託の対象となる財産は、実務上、本人が所持している金銭、預貯金、国債及び有価証券の解約金等が想定されています。信託した金銭は、本人の月々の収支がマイナスの場合に定期交付金として給付を受けることができますし、施設への入所についての費用やバリアフリー化するためのリフォーム費用等の一度にまとまった金額が必要な場合は予め家庭裁判所に理由を説明し、指示書の発行を受けることでその信託財産から金銭の交付を受けることができます。

　これは、後見開始事件と親族後見人による不正事件がともに増加したことが影響しています。それまで家庭裁判所は、後見人が家庭裁判所に報告書を提出した後における報告書の審査、家庭裁判所調査官による調査、後見人に対する審問、預金口座に関する金融機関への照会等の事後的なチェックによってしか不正を見破ることができず、後見人が故意に行う横領行為等の不正事件があっても事後にしか事態を把握することができませんでした。そこで、後見制度支援信託制度によって、親族を成年後見人に置くものの、その手元で管理する現預貯金を少なくし、大半の現預貯金については、信託して家庭裁判所の事前の審査を通さない限り引き出せないものとし、不正を未然に防ぐことができるようにしたのです。

　この信託設定には、司法書士等の専門職後見人が関与することになっており、その専門職後見人は、①本人の資産調査をした結果、本人の金銭財産額が一定額に満たない事案、②本人所有の不動産等が多数存在し、現預貯金が少ない等信託できない財産が相当程度あるため後見制度支援信託では財産保護が十分に図れない事案、③本人の財産に関する遺言の存在が明らかになっている事案、④本人の身上に対する配慮（病状、生活状況等）に照らし、収支予定を立てることが困難な事案に該当するか否かを調査し、該当した場合は、後見制度支援信託の利用に適さない事案として、制度の利用が見送られます。

　制度の利用が見送られる場合、家庭裁判所は、後見監督人を選任することで、親族後見人が多額の財産を管理することにつき、監督機能を強化して不正の防止に努めることになります。

　当初、後見制度支援信託を取り扱う金融機関は4行のみでしたが、令和4年11月現在、信用金庫、都市銀行、地方銀行等でも後見制度支援預金としての取り扱いができるようになっています。成年後見人の居住地から最寄りの金融機関で後見制度支援信託・後見制度支援預金を設定できるようになりつつあります。

第2章

成年後見制度の
利用開始の手続

第1　任意後見制度の利用開始の手続

1　任意後見契約の締結

　任意後見制度の利用を開始するには、任意後見契約を締結することから始めます。まず、類型（将来型、即効型、移行型）や委任事務の内容を委任者と受任者で打ち合わせて、文案を決めます（契約内容が個別の事情に即したものとなるように、文案の作成は司法書士、弁護士、行政書士等に依頼されることをお勧めします。）。その後、文案とともに本人の現在戸籍謄本、本人及び受任者の住民票（又は戸籍の附票）及び印鑑証明書を公証役場に提出し、任意後見契約公正証書を作成する日時を予約します。

　一般的には、その日時に、本人及び受任者が、公証役場に赴いて公証人立会いのもと、三者が公正証書に署名・押印を行うことで任意後見契約が成立します。当事者が、公証役場まで赴くのが困難な場合は、公証人が本人の自宅・入所施設・入院中の病院等に出張して任意後見契約公正証書の作成が行われることもあります。

【文例（将来型）】

任意後見契約公正証書

　本公証人は、委任者A（以下「甲」という。）及び受任者B（以下「乙」という。）の嘱託により、以下の法律行為に関する陳述の趣旨を録取し、この証書を作成する。

（契約の趣旨）

第1条　甲は、乙に対し、令和○年○月○日、任意後見契約に関する法律に基づき、精神上の障害により事理を弁識する能力が不十分な状況における甲の生活、療養看護及び財産の管理に関する事務（以下「後見事務」という。）を委任し、乙は、これを受任する（以下「本任意後見契

約」という。）。

（契約の発効）

第2条　本任意後見契約は、家庭裁判所において、乙の後見事務を監督する任意後見監督人が選任されたときからその効力を生じる。

2　本任意後見契約締結後、甲が精神上の障害により事理を弁識する能力が不十分な状況になったときは、乙は、速やかに、家庭裁判所に対し、任意後見監督人の選任の請求をしなければならない。

3　本任意後見契約の効力発生後における甲と乙との間の法律関係については、任意後見契約に関する法律及び本任意後見契約に定めるもののほか、民法の規定に従う。

（後見事務の範囲）

第3条　甲は、乙に対し、別紙「代理権目録（任意後見契約）」記載の委任事務（以下「本件後見事務」という。）を委任し、その事務処理のための代理権を付与する。

（身上配慮の義務）

第4条　乙は、甲の身上に配慮するものとし、適宜甲と面談し、ヘルパーその他日常生活援助者から甲の生活状況につき報告を求め、主治医その他の医療関係者から甲の心身の状態につき説明を受けることなどにより、甲の生活状況及び健康状態の把握に努めなければならない。

（証書等の保管等）

第5条　乙は、甲から、本件任意後見事務処理のために必要な次の証書等及びこれらに準ずるものの引渡しを受けたときは、甲に対し、その明細及び保管方法（保管者、保管場所等）を記載した預かり証を交付する。

(1)　登記済権利証・登記識別情報

(2)　実印・銀行印

(3)　印鑑登録カード、住民基本台帳カード、個人番号（マイナンバー）カード・個人番号（マイナンバー）通知カード

(4)　預貯金通帳

(5)　キャッシュカード

(6)　有価証券・その預り証

(7)　年金関係書類

(8)　健康保険証、介護保険証

(9)　土地・建物賃貸借契約書等の重要な契約書類

2　乙は、本任意後見契約の効力発生後、甲以外の者が前項記載の証書等を占有所持しているときは、その者からこれらの証書等の引渡しを受けて、自らこれを保管することができる。

3　乙は、本件後見事務を処理するために必要な範囲で前記の証書等を使用するほか、甲宛の郵便物その他の通信を受領し、本件後見事務に関連すると思われるものを開封することができる。

（費用の負担）

第6条　乙が本件後見事務を処理するために必要な費用は、甲の負担とし、乙は、その管理する甲の財産からこれを支出することができる。

（報酬）

第7条　乙の本件後見事務処理は、無報酬とする。

2　本件後見事務処理を無報酬とすることが、次の事由により不相当となったときは、甲及び乙は、任意後見監督人と協議の上、報酬を定め、また、定めた報酬を変更することができる。

(1)　甲の生活状況又は健康状態の変化

(2)　経済情勢の変動

(3)　その他本件後見事務処理を無報酬とすることを不相当とする特段の事情の発生

3　前項の場合において、甲がその意思を表示することができない状況にある時は、乙は、甲を代表する任意後見監督人との間の合意により報酬を定め、また、定めた報酬を変更することができる。

4　第2項の報酬支払契約又は変更契約は、公正証書によってしなければならない。

（報告）

第8条　乙は、任意後見監督人に対し、３か月ごとに、本件後見事務に関する次の事項について書面で報告する。

(1)　乙の管理する甲の財産の管理状況

(2)　甲を代理して取得した財産の内容、取得の時期・理由・相手方及び甲を代理して処分した財産の内容、処分の時期・理由・相手方

(3)　甲を代理して受領した金銭及び支払った金銭の状況

(4)　甲の生活又は療養看護につき行った措置

(5)　費用の支出及び支出した時期・理由・相手方

(6)　報酬の定めがある場合の報酬の収受

2　乙は、任意後見監督人の請求があるときは、いつでも速やかにその求められた事項につき報告する。

（契約の解除）

第9条　甲又は乙は、任意後見監督人が選任されるまでの間は、いつでも公証人の認証を受けた書面によって、本任意後見契約を解除することができる。

2　甲又は乙は、任意後見監督人が選任された後は、正当な事由がある場合に限り、家庭裁判所の許可を得て、本任意後見契約を解除することができる。

（契約の終了）

第10条　本任意後見契約は、次の場合に終了する。

(1)　甲又は乙が死亡し、又は破産手続開始決定を受けたとき

(2)　乙が後見開始の審判を受けたとき

(3)　乙が任意後見人を解任されたとき

(4)　甲が任意後見監督人選任後に、法定後見（後見・保佐・補助）開始の審判を受けたとき

(5)　本任意後見契約が解除されたとき

2　任意後見監督人が選任された後に前項各号の事由が生じた場合、甲又

は乙は、速やかにその旨を任意後見監督人に通知するものとする。

3　任意後見監督人が選任された後に、第1項各号の事由が生じた場合、甲又は乙は、速やかに任意後見契約の終了の登記を申請しなければならない。

代理権目録（任意後見契約）

1　甲の有する一切の財産の管理、保存、処分

2　金融機関、郵便局とのすべての取引

3　家賃、地代、年金その他の社会保険給付等定期的な収入の受領、家賃、地代、公共料金等定期的な支出を要する費用の支払い並びにこれらに関する諸手続等一切の事項

4　生活に必要な送金及び物品の購入等に関する一切の事項

5　保険契約の締結、変更、解除、保険料の支払、保険金の受領等保険契約に関する一切の事項

6　登記の申請、供託の申請、住民票、戸籍事項証明書、登記事項証明書の請求、税金の申告・滞納等行政機関に対する一切の申請、請求、申告、支払等

7　医療契約、入院契約、介護契約、施設入所契約その他の福祉サービス利用契約等、甲の身上監護に関する一切の契約の締結、変更、解除、費用の支払等一切の事項

8　要介護認定の申請及び認定に対する承認又は審査請求に関する一切の事項

9　居住用不動産の購入及び賃貸借契約、住居の新築・増改築に関する請負契約に関する事項

10　遺産分割の協議、遺留分侵害額請求、相続放棄、限定承認に関する事項

11　配偶者、子の法定後見開始の審判の申立てに関する事項

12　新たな任意後見契約の締結に関する事項

13　復代理人の選任、事務代行者の指定に関する事項

14　以上の各事項に関連する一切の事項

【文例（即効型）】

任意後見契約公正証書

　本公証人は、委任者Ａ（以下「甲」という。）及び受任者Ｂ（以下「乙」という。）の嘱託により、以下の法律行為に関する陳述の趣旨を録取し、この証書を作成する。

（契約の趣旨）

第1条　甲は、乙に対し、令和○年○月○日、任意後見契約に関する法律に基づき、精神上の障害により事理を弁識する能力が不十分な状況における甲の生活、療養看護及び財産の管理に関する事務（以下「後見事務」という。）を委任し、乙は、これを受任する（以下「本任意後見契約」という。）。

（契約の発効）

第2条　本任意後見契約は、家庭裁判所において、乙の後見事務を監督する任意後見監督人が選任されたときからその効力を生じる。

2　乙は、本契約に基づく任意後見契約締結の登記完了後直ちに、家庭裁判所に対し、任意後見監督人の選任の請求をする。

3　本任意後見契約の効力発生後における甲と乙との間の法律関係については、任意後見契約に関する法律及び本任意後見契約に定めるもののほか、民法の規定に従う。

　　　※　第3条以下は、将来型の文例と同じなので省略します。

【文例（移行型）】

委任契約及び任意後見契約公正証書

　本公証人は、委任者Ａ（以下「甲」という。）及び受任者Ｂ（以下「乙」

という。）の嘱託により、以下の法律行為に関する陳述の趣旨を録取し、
この証書を作成する。

第1　委任契約

（契約の趣旨）

第1条　甲は、乙に対し、令和○年○月○日、甲の生活、療養看護及び財
　　産の管理に関する事務（以下「委任事務」という。）を委任し、乙は、
　　これを受任する（以下「本委任契約」という。）。

（任意後見契約との関係）

第2条　本委任契約締結後、甲が精神上の障害により事理を弁識する能力
　　が不十分になったときは、乙は、速やかに、家庭裁判所に対し、任意後
　　見監督人の選任の請求をしなければならない。

2　本委任契約は、第2の任意後見契約につき任意後見監督人が選任され、
　　同契約が効力を生じたときに終了する。

（委任事務の範囲）

第3条　甲は、乙に対し、別紙「代理権目録（委任契約）」記載の委任事
　　務（以下「本件委任事務」という。）を委任し、その事務処理のための
　　代理権を付与する。

2　乙は、甲の身上に配慮するものとし、適宜甲と面談し、ヘルパーその
　　他日常生活援助者から甲の生活状況につき報告を求め、主治医その他の
　　医療関係者から甲の心身の状態につき説明を受けることなどにより、甲
　　の生活状況及び健康状態の把握に努めなければならない。

（証書等の引渡し等）

第4条　甲は、乙に対し、本件委任事務処埋のために必要と認める範囲で、
　　適宜の時期に、次の証書等及びこれらに準ずるものを引き渡す。

　(1)　登記済権利証・登記識別情報

　(2)　実印・銀行印

　(3)　印鑑登録カード、住民基本台帳カード、個人番号（マイナンバー）

　　　カード・個人番号（マイナンバー）通知カード

⑷　預貯金通帳

⑸　キャッシュカード

⑹　有価証券・その預り証

⑺　年金関係書類

⑻　健康保険証、介護保険証

⑼　土地・建物賃貸借契約書等の重要な契約書類

2　乙は、前項の証書等の引渡しを受けたときは、甲に対し、預り証を交付してこれを保管し、これらの証書等を本件委任事務処理のために使用することができる。

（費用の負担）

第5条　乙が本件委任事務を処理するために必要な費用は、甲の負担とし、乙は、その管理する甲の財産からこれを支出することができる。

（報酬）

第6条　乙の本件委任事務処理は、無報酬とする。

（報告）

第7条　乙は、甲に対し、3か月ごとに、本件委任事務処理の状況につき報告する。この場合、報告書は、乙及び丙が共同して作成するものとする。

2　甲は、乙に対し、いつでも、本件委任事務処理の状況につき報告を求めることができる。

（契約の変更）

第8条　本委任契約に定める代理権の範囲を変更する契約は、公正証書によってするものとする。

（契約の解除）

第9条　甲及び乙は、いつでも公証人の認証を受けた書面によって、本委任契約を解除することができる。ただし、本委任契約の解除は、第2の任意後見契約の解除とともにしなければならない。

（契約の終了）

第10条　本委任契約は、第2条第2項に定める場合のほか、次の場合に終了する。

⑴　甲又は乙が死亡し、又は破産手続開始決定を受けたとき

⑵　甲又は乙が後見開始の審判を受けたとき

⑶　本委任契約が解除されたとき

第2　任意後見契約

（契約の趣旨）

第1条　甲は、乙に対し、令和○年○月○日、任意後見契約に関する法律に基づき、精神上の障害により事理を弁識する能力が不十分な状況における甲の生活、療養看護及び財産の管理に関する事務（以下「後見事務」という。）を委任し、乙は、これを受任する（以下「本任意後見契約」という。）。

（契約の発効）

第2条　本任意後見契約は、家庭裁判所において、乙の後見事務を監督する任意後見監督人が選任されたときからその効力を生じる。

2　本任意後見契約締結後、甲が精神上の障害により事理を弁識する能力が不十分な状況になったときは、乙は、速やかに、家庭裁判所に対し、任意後見監督人の選任の請求をしなければならない。

3　本任意後見契約の効力発生後における甲と乙との間の法律関係については、任意後見契約に関する法律及び本任意後見契約に定めるもののほか、民法の規定に従う。

（後見事務の範囲）

第3条　甲は、乙に対し、別紙「代理権目録（任意後見契約）」記載の委任事務（以下「本件後見事務」という。）を委任し、その事務処理のための代理権を付与する。

（身上配慮の義務）

第4条　乙は、甲の身上に配慮するものとし、適宜甲と面談し、ヘルパー
その他日常生活援助者から甲の生活状況につき報告を求め、主治医その
他の医療関係者から甲の心身の状態につき説明を受けることなどにより、
甲の生活状況及び健康状態の把握に努めなければならない。

（証書等の保管等）

第5条　乙は、甲から、本件任意後見事務処理のために必要な次の証書等
及びこれらに準ずるものの引渡しを受けたときは、甲に対し、その明細
及び保管方法（保管者、保管場所等）を記載した預かり証を交付する。

(1)　登記済権利証・登記識別情報

(2)　実印・銀行印

(3)　印鑑登録カード、住民基本台帳カード、個人番号（マイナンバー）
カード・個人番号（マイナンバー）通知カード

(4)　預貯金通帳

(5)　キャッシュカード

(6)　有価証券・その預り証

(7)　年金関係書類

(8)　健康保険証、介護保険証

(9)　土地・建物賃貸借契約書等の重要な契約書類

2　乙は、本任意後見契約の効力発生後、甲以外の者が前項記載の証書等
を占有所持しているときは、その者からこれらの証書等の引渡しを受け
て、自らこれを保管することができる。

3　乙は、本件後見事務を処理するために必要な範囲で前記の証書等を使
用するほか、甲宛の郵便物その他の通信を受領し、本件後見事務に関連
すると思われるものを開封することができる。

（費用の負担）

第6条　乙が本件後見事務を処理するために必要な費用は、甲の負担とし、
乙は、その管理する甲の財産からこれを支出することができる。

（報酬）

第7条　乙の本件後見事務処理は、無報酬とする。

2　本件後見事務処理を無報酬とすることが、次の事由により不相当となったときは、甲及び乙は、任意後見監督人と協議の上、報酬を定め、また、定めた報酬を変更することができる。

　(1)　甲の生活状況又は健康状態の変化

　(2)　経済情勢の変動

　(3)　その他本件後見事務処理を無報酬とすることを不相当とする特段の事情の発生

3　前項の場合において、甲がその意思を表示することができない状況にある時は、乙は、甲を代表する任意後見監督人との間の合意により報酬を定め、また、定めた報酬を変更することができる。

4　第2項の報酬支払契約又は変更契約は、公正証書によってしなければならない。

（報告）

第8条　乙は、任意後見監督人に対し、3か月ごとに、本件後見事務に関する次の事項について書面で報告する。

　(1)　乙の管理する甲の財産の管理状況

　(2)　甲を代理して取得した財産の内容、取得の時期・理由・相手方及び甲を代理して処分した財産の内容、処分の時期・理由・相手方

　(3)　甲を代理して受領した金銭及び支払った金銭の状況

　(4)　甲の生活又は療養看護につき行った措置

　(5)　費用の支出及び支出した時期・理由・相手方

　(6)　報酬の定めがある場合の報酬の収受

2　乙は、任意後見監督人の請求があるときは、いつでも速やかにその求められた事項につき報告する。

（契約の解除）

第9条　甲又は乙は、任意後見監督人が選任されるまでの間は、いつでも公証人の認証を受けた書面によって、本任意後見契約を解除することが

できる。ただし、本任意後見契約の解除は、本委任契約の解除とともにしなければならない。

2　甲又は乙は、任意後見監督人が選任された後は、正当な事由がある場合に限り、家庭裁判所の許可を得て、本任意後見契約を解除することができる。

（契約の終了）

第10条　本任意後見契約は、次の場合に終了する。

(1)　甲又は乙が死亡し、又は破産手続開始決定を受けたとき

(2)　乙が後見開始の審判を受けたとき

(3)　乙が任意後見人を解任されたとき

(4)　甲が任意後見監督人選任後に、法定後見（後見・保佐・補助）開始の審判を受けたとき

(5)　本任意後見契約が解除されたとき

2　任意後見監督人が選任された後に前項各号の事由が生じた場合、甲又は乙は、速やかにその旨を任意後見監督人に通知するものとする。

3　任意後見監督人が選任された後に、第1項各号の事由が生じた場合、甲又は乙は、速やかに任意後見契約の終了の登記を申請しなければならない。

代理権目録（委任契約）

1　甲の有する一切の財産の管理、保存

2　金融機関、郵便局とのすべての取引

3　家賃、地代、年金その他の社会保険給付等定期的な収入の受領、家賃、地代、公共料金等定期的な支出を要する費用の支払い並びにこれらに関する諸手続等一切の事項

4　生活に必要な送金及び物品の購入等に関する一切の事項

5　保険契約の締結、変更、解除、保険料の支払、保険金の受領等保険契約に関する一切の事項

6　登記の申請、供託の申請、住民票、戸籍事項証明書、登記事項証明書の請求、税金の申告・滞納等行政機関に対する一切の申請、請求、申告、支払等

7　医療契約、入院契約、介護契約、施設入所契約その他の福祉サービス利用契約等、甲の身上監護に関する一切の契約の締結、変更、解除、費用の支払等一切の事項

8　要介護認定の申請及び認定に対する承認又は審査請求に関する一切の事項

<h3 style="text-align:center">代理権目録（任意後見契約）</h3>

1　甲の有する一切の財産の管理、保存、処分

2　金融機関、郵便局とのすべての取引

3　家賃、地代、年金その他の社会保険給付等定期的な収入の受領、家賃、地代、公共料金等定期的な支出を要する費用の支払い並びにこれらに関する諸手続等一切の事項

4　生活に必要な送金及び物品の購入等に関する一切の事項

5　保険契約の締結、変更、解除、保険料の支払、保険金の受領等保険契約に関する一切の事項

6　登記の申請、供託の申請、住民票、戸籍事項証明書、登記事項証明書の請求、税金の申告・滞納等行政機関に対する一切の申請、請求、申告、支払等

7　医療契約、入院契約、介護契約、施設入所契約その他の福祉サービス利用契約等、甲の身上監護に関する一切の契約の締結、変更、解除、費用の支払等一切の事項

8　要介護認定の申請及び認定に対する承認又は審査請求に関する一切の事項

9　居住用不動産の購入及び賃貸借契約、住居の新築・増改築に関する請負契約に関する事項

10　遺産分割の協議、遺留分侵害額請求、相続放棄、限定承認に関する事項

11　配偶者、子の法定後見開始の審判の申立てに関する事項

12　新たな任意後見契約の締結に関する事項

13　復代理人の選任、事務代行者の指定に関する事項

14　以上の各事項に関連する一切の事項

2　公証人による登記の嘱託

　任意後見契約公正証書が作成されると、公証人は、東京法務局民事行政部後見登録課に任意後見契約の登記を嘱託します（公証人法57条の3第1項）。契約締結後から任意後見契約が未だ効力を生じていない間の後見登記事項証明書は、後記資料1のようなものです。なお、2人以上を任意後見人として契約締結した場合でも、それが個別代理の場合は、任意後見人1人について1組の任意後見契約として登記されるため、任意後見人ごとに通常の委任者と受任者が1人ずつの場合と同じ内容の登記事項証明書が発行されます。共同代理の場合は、その各任意後見人との契約は不可分の契約とされるので、個別代理の場合と異なり、共同で任意後見受任者となった者全員が記載され、別紙目録として「代理権の共同行使の特約目録」が発行されます（後記資料2のとおりです）。

　また、任意後見契約は、特定の法律行為について任意後見監督人の同意を要するとすることもでき、その場合は、後記資料3のような「同意を要する旨の特約目録」も発行されます。

【資料１　登記事項証明書…通常の１対１の場合、及び受任者複数の個別代理の場合】

登 記 事 項 証 明 書

任意後見

任意後見契約

　　【公証人の所属】○○法務局

　　【公証人の氏名】甲

　　【証書番号】令和○年第○号

　　【作成年月日】令和○年○月○日

　　【登記年月日】令和○年○月○日

　　【登記番号】第○○○○－○○○○号

任意後見契約の本人

　　【氏　　　名】Ａ

　　【生年月日】昭和△△年△月△日

　　【住　　　所】△△県△△市△△町△丁目△番△号

　　【本　　　籍】△△県△△市△△町△丁目△番地△△

任意後見受任者

　　【氏　　　名】Ｂ

　　【住　　　所】□□県□□市□□町□番地□

　　【代理権の範囲】別紙目録記載のとおり

［証明書番号］○○○○－××　（1/3）

登　記　事　項　証　明　書（別紙目録）

任意後見

代理権目録

代　理　権　目　録

1　甲の有する一切の財産の管理、保存、処分

2　金融機関、郵便局とのすべての取引

3　家賃、地代、年金その他の社会保険給付等定期的な収入の受領、家賃、地代、公共料金等定期的な支出を要する費用の支払い並びにこれらに関する諸手続等一切の事項

4　生活に必要な送金及び物品の購入等に関する一切の事項

5　保険契約の締結、変更、解除、保険料の支払、保険金の受領等保険契約に関する一切の事項

6　登記の申請、供託の申請、住民票、戸籍事項証明書、登記事項証明書の請求、税金の申告・滞納等行政機関に対する一切の申請、請求、申告、支払等

7　医療契約、入院契約、介護契約、施設入所契約その他の福祉サービス利用契約等、甲の身上監護に関する一切の契約の締結、変更、解除、費用の支払等一切の事項

8　要介護認定の申請及び認定に対する承認又は審査請求に関する一切の事項

9　居住用不動産の購入及び賃貸借契約、住居の新築・増改築に関する請負契約に関する事項

10　遺産分割の協議、遺留分侵害額請求、相続放棄、限定承認に関する事項

11　配偶者、子の法定後見開始の審判の申立てに関する事項

12　新たな任意後見契約の締結に関する事項

13　復代理人の選任、事務代行者の指定に関する事項

14　以上の各事項に関連する一切の事項

以　　上

登記年月日　令和○年○月○日　　［証明書番号］○○○○－××　(2/3)

登　記　事　項　証　明　書

任意後見

上記のとおり後見登記等ファイルに記録されていることを証明する。

令和○年○月○日

東京法務局　登記官　H　　㊞

［証明書番号］○○○○－××　(3/3)

【資料２　登記事項証明書…共同代理の場合】

登 記 事 項 証 明 書

任意後見

任意後見契約

　　【公証人の所属】○○法務局

　　【公証人の氏名】甲

　　【証書番号】令和○年第○号

　　【作成年月日】令和○年○月○日

　　【登記年月日】令和○年○月○日

　　【登記番号】第○○○○－○○○○号

任意後見契約の本人

　　【氏　　　名】A

　　【生年月日】昭和△△年△月△日

　　【住　　　所】△△県△△市△△町△丁目△番△号

　　【本　　　籍】△△県△△市△△町△丁目△番地△△

任意後見受任者

　　【氏　　　名】B

　　【住　　　所】□□県□□市□□町□番地□

　　【代理権の範囲】別紙目録記載のとおり

任意後見受任者

　　【氏　　　名】C

　　【住　　　所】□□県□□市□□町□番地□

【代理権の範囲】別紙目録記載のとおり

［証明書番号］○○○○－××　（1/4）

登　記　事　項　証　明　書（別紙目録）

任意後見

代理権目録

代　理　権　目　録

1　甲の有する一切の財産の管理、保存、処分

2　金融機関、郵便局とのすべての取引

3　家賃、地代、年金その他の社会保険給付等定期的な収入の受領、
　　家賃、地代、公共料金等定期的な支出を要する費用の支払い並びに
　　これらに関する諸手続等一切の事項

4　生活に必要な送金及び物品の購入等に関する一切の事項

5　保険契約の締結、変更、解除、保険料の支払、保険金の受領等保
　　険契約に関する一切の事項

6　登記の申請、供託の申請、住民票、戸籍事項証明書、登記事項証
　　明書の請求、税金の申告・滞納等行政機関に対する一切の申請、請
　　求、申告、支払等

7　医療契約、入院契約、介護契約、施設入所契約その他の福祉サー
　　ビス利用契約等、甲の身上監護に関する一切の契約の締結、変更、
　　解除、費用の支払等一切の事項

8　要介護認定の申請及び認定に対する承認又は審査請求に関する一
　　切の事項

9　居住用不動産の購入及び賃貸借契約、住居の新築・増改築に関す
　　る請負契約に関する事項

10　遺産分割の協議、遺留分侵害額請求、相続放棄、限定承認に関する事項

11　配偶者、子の法定後見開始の審判の申立てに関する事項

12　新たな任意後見契約の締結に関する事項

13　復代理人の選任、事務代行者の指定に関する事項

14　以上の各事項に関連する一切の事項

以上

登記年月日　令和○年○月○日　　［証明書番号］○○○○－××　(2/4)

登　記　事　項　証　明　書（別紙目録）

任意後見

代理権の共同行使の特約目録

代理権の共同行使の特約目録

任意後見人B及び任意後見人Cは、共同して代理権を行使しなければならない。

以　　上

登記年月日　令和○年○月○日　　［証明書番号］○○○○－××　(3/4)

※4/4は資料1の3/3と同じなので省略します。

【資料3　登記事項証明書中の同意を要する旨の特約目録】

登　記　事　項　証　明　書　（別紙目録）

任意後見

同意を要する旨の特約目録

同意を要する旨の特約目録

　任意後見人が以下の行為を行う場合には、個別に任意後見監督人の書面による同意を要する。

1　不動産その他重要な財産の処分

以　　上

登記年月日　令和○年○月○日　　　　［証明書番号］○○○○－××　(3/4)

3　移行型における任意の財産管理契約における管理

　移行型の任意後見契約を締結すると、本人の判断能力が低下する前から、任意後見受任者は、任意の財産管理契約の受任者として代理権目録記載の事務を行うことができます。

　移行前の任意の財産管理契約の段階では、本人は十分な判断能力を有するため、財産の処分行為については、代理権の内容とすることはできず、処分行為を代理人として行う場合は、その都度本人から個別に委任を受けることになります。

　どの財産をどのように管理していくか、実際に財産管理をいつから任せるかは、本人との話し合いによって決めていくことになります。

4　任意後見監督人の選任申立て

　任意後見契約締結後に本人の判断能力が低下したときは、任意後見契約を発効させるため、本人、その配偶者、四親等内の親族又は任意後見受任者は、家庭裁判所に対して任意後見監督人の選任申立てをします。

(1)　管　轄

　　任意後見監督人の選任申立ては、本人の住所地を管轄する家庭裁判所に申立書及び附属書類一式を提出することで行います。本人の住所地とは、本人が実際に居住し、生活している場所（民法22条の「生活の本拠」）を意味し、住民票上の住所地と一致するとは限りません。本人が施設入所をしている場合等は、申立ては、その施設の所在地を管轄する家庭裁判所に行うことになります。

(2)　申立書類と附属書類

　　任意後見監督人の選任申立てについて、家庭裁判所に提出する書類等は次のとおりです。

　　① 　任意後見監督人選任申立書

　　② 　申立事情説明書

　　③ 　親族関係図

　　④ 　任意後見受任者事情説明書

　　⑤ 　財産目録（本人の財産についての資料を含む。）

　　⑥ 　本人を相続人とする相続財産がある場合は、相続財産目録（相続財産についての資料を含む。）

　　⑦ 　収支予定表（本人の収支についての資料を含む。）

　　⑧ 　診断書（診断書附票・鑑定連絡票を含む。）

　　⑨ 　本人情報シートの写し

　　⑩ 　本人の戸籍謄本（全部事項証明書）

　　⑪ 　任意後見登記事項証明書

　　⑫ 　任意後見契約公正証書の写し

⑬　任意後見監督人候補者がいる場合は候補者の住民票（マイナンバー記載のないもの）又は戸籍の附票

⑭　本人の登記されていないことの証明書（「成年被後見人、被保佐人、被補助人とする記録がない」旨のもの）

⑮　任意後見監督人候補者が法人の場合は、その法人の登記事項証明書等

　この他、任意的に本人の介護保険の被保険者証、要介護・要支援認定該当通知書、障害者手帳中の障害の程度がわかる級・度数の記載部分の頁の写し等を提出することも審理を円滑に進める上で有用とされています。

　⑤の本人の財産についての資料及び⑥の相続財産についての資料は、不動産の登記事項証明書（未登記の場合は、固定資産税の評価証明書、課税明細書、名寄帳等）、預貯金の通帳（表紙、表紙を開いて 1 頁目、過去 1 年分の出入金の履歴がわかる頁）・証書の写し、有価証券についての証券会社発行の取引残高明細書の写し、保険証券の写し、本人・被相続人が債務者・連帯債務者・連帯保証人となっている負債についての契約書の写し等が該当します。また、⑦の本人の収支についての資料は、収入については、年金・手当額通知書、確定申告書、給与明細書、配当金支払明細書、請求書等の写し、支出については、医療費や施設費の領収書（直近 1 か月分）、税金・社会保険の通知書（納付指示書）、各種請求書の写し等が該当します。

(3)　申立費用

　任意後見監督人の選任申立てに必要な費用は、①申立手数料、②後見登記手数料、③予納郵券、④鑑定費用です。これらの費用は、原則として、本人ではなく、申立人が負担することになりますが、申立人が希望する場合は、これらの費用の全部又は一部について、本人の負担とすることが認められることがあります。

①　申立手数料

　任意後見監督人の選任申立ての申立手数料として、収入印紙800円を

予納します。

②　後見登記手数料

　　任意後見監督人の選任申立てについての審判がなされると、裁判所書記官は、東京法務局に後見登記を嘱託します。その登記嘱託費用として、収入印紙1,400円を予納します。

③　予納郵券

　　連絡用の郵便切手として、各裁判所が定める金額ごとの枚数を任意後見監督人の選任申立て時に予納します。概ね3,000円から5,000円とされているようです。

④　鑑定費用

　　任意後見監督人の選任申立てにおいては、成年後見や保佐の開始のときと異なり、原則的に鑑定は不要とされていますが、判断能力の判定が困難な場合は、鑑定が行われます。鑑定費用は、申立後に鑑定が行われることが決まってから家庭裁判所の指示に従って納付すれば足ります。金額は、鑑定医によって異なりますが、概ね5万円から10万円程度のようです。

⑷　**申立ての準備**

ア　**診断書・鑑定連絡票・本人情報シートの取得**

　　任意後見監督人の選任申立てについての準備は、まず、本人の判断能力の程度を測定することから始めます。判断能力の程度は、申立書の附属書類である医師の診断書（家庭裁判所所定のもので、ひな形例は後記資料1のとおりです。）の記載内容を目安に判断することになります。任意後見契約を発効させるには、法定後見の補助類型の要件に該当する以上に判断能力が不十分な状況にある必要があるようです。診断書を作成してもらう医師は、必ずしも精神科の専門医である必要はありません。診断書の取得には、1〜3か月程の期間を要することがあるので、申立てを急ぐ場合は、できるだけ早く診断書の取得に着手した方が良いと思われます。診断書の作成を依頼する際は、申立て後に家庭裁判所が精神

鑑定を依頼するとした場合に引き受けてもらえるかどうかを鑑定連絡票（家庭裁判所所定のもので、ひな形例は後記資料2のとおりです。）に記入してもらいます（任意後見監督人の選任申立てにおいては、原則として鑑定は行われませんが、本人の判断能力の判定が困難な場合は、例外的に鑑定が行われるためです。）。

　また、本人に日頃から支援を受けているケアマネージャー、ケースワーカー等の福祉関係者がいる場合は、診断書作成の補助資料としてそれらの者に本人情報シート（家庭裁判所所定のもので、ひな形例は後記資料3のとおりです。）を作成してもらい、診断書の作成を依頼するときに医師にそれを提出することが望ましいとされています。

イ　申立書類と附属書類の作成、添付書類の収集

　診断書を取得した後は、前記(2)の書類作成と資料・戸籍等の収集に着手していきます。

【資料1　診断書】名古屋家庭裁判所HPより

（家庭裁判所提出用）

診　断　書（成年後見制度用）　　　　　　　　　（表　面）

1　氏名	男・女

年　　　月　　　日生（　　　歳）

住所

2　医学的診断

　診断名（※判断能力に影響するものを記載してください。）

　所見（現病歴，現症，重症度，現在の精神状態と関連する既往症・合併症など）

　各種検査
　　長谷川式認知症スケール　□　　　　　　　　点（　　　年　　　月　　　日実施）　□　実施不可
　　ＭＭＳＥ　　　　　　　　□　　　　　　　　点（　　　年　　　月　　　日実施）　□　実施不可
　　脳画像検査　□　検査名：　　　　　　　（　　　年　　　月　　　日実施）　□　未実施
　　　　　　　　　脳の萎縮または損傷等の有無
　　　　　　　　　□　あり
　　　　　　　　　　所見（部位・程度等）：

　　　　　　　　　□　なし
　　知能検査　□　検査名：　　　　　　　（　　　年　　　月　　　日実施）
　　　　　　　　検査結果：

　　その他　　□　検査名：　　　　　　　（　　　年　　　月　　　日実施）
　　　　　　　　検査結果：

　短期間内に回復する可能性
　□　回復する可能性は高い　　□　回復する可能性は低い　　□　分からない
　　（特記事項）

3　判断能力についての意見
　□　契約等の意味・内容を自ら理解し，判断することができる。
　□　支援を受けなければ，契約等の意味・内容を自ら理解し，判断することが難しい場合がある。
　□　支援を受けなければ，契約等の意味・内容を自ら理解し，判断することができない。
　□　支援を受けても，契約等の意味・内容を自ら理解し，判断することができない。
（意見）※　慎重な検討を要する事情等があれば，記載してください。

1/2　　　　　　　⬇　　　　　　裏面に続く

（家庭裁判所提出用）　　　　　　　　　　　　　　　　　　　　　　　　　　（裏　面）

判定の根拠

(1) 見当識の障害の有無
　　□　障害なし　□　ときどき障害がみられる　□　頻繁に障害がみられる　□　いつも障害がみられる

(2) 他人との意思疎通の障害の有無
　　□　問題なくできる　□　だいたいできる　□　あまりできない　□　できない

(3) 理解力・判断力の障害の有無
　　・一人での買い物が
　　　□　問題なくできる　□　だいたいできる　□　あまりできない　□　できない
　　・一人での貯金の出し入れや家賃・公共料金の支払が
　　　□　問題なくできる　□　だいたいできる　□　あまりできない　□　できない

(4) 記憶力の障害の有無
　　・最近の記憶（財布や鍵の置き場所や，数分前の会話の内容など）について
　　　□　障害なし　□　ときどき障害がみられる　□　頻繁に障害がみられる　□　いつも障害がみられる
　　・過去の記憶（親族の名前や，自分の生年月日など）について
　　　□　障害なし　□　ときどき障害がみられる　□　頻繁に障害がみられる　□　いつも障害がみられる

(5) その他（※上記以外にも判断能力に関して判定の根拠となる事項等があれば記載してください。）

参考となる事項（本人の心身の状態，日常的・社会的な生活状況等）

※　「本人情報シート」の提供を　□　受けた　　□　受けなかった
　　（受けた場合には，その考慮の有無，考慮した事項等についても記載してください。）

以上のとおり診断します。　　　　　　　　　　　　　　　年　　　月　　　日

　病院又は診療所の名称・所在地

　担当診療科名

　担当医師氏名　　　　　　　　　　　　　　　　　　　印

【医師の方へ】

　　※　診断書の記載例等については，後見ポータルサイト（https://www.courts.go.jp/saiban/koukenp/）か
　　らダウンロードできます。
　　※　参考となる事項欄にある「本人情報シート」とは，本人の判断能力等に関する診断を行う際の補助資料とし
　　て，本人の福祉関係者が作成するシートです。提供があった場合は，診断への活用を御検討ください。
　　※　家庭裁判所は，診断書を含む申立人からの提出書類等に基づき，本人の判断能力について判断します（事案
　　によって医師による鑑定を実施することがあります。）。

2/2　　　　　　　　　　　　　　　　　　　（令和3年10月版）

【資料2　鑑定連絡票】名古屋家庭裁判所HPより

鑑　定　連　絡　票

（診断書とともに御提出ください）

（　　　　　　　　）さんに対する鑑定の引受けが可能である旨連絡します。

1　医師の氏名：_____

　希望連絡先

　　□　診断書記載のとおり

　　□　次のとおり

　　　　電話番号：_____－_____－_____　（自宅・勤務先）

　　　　住所又は所在地：_____

　　　　_____

2　担当診療科名

　　□　精神科　　　　□　脳神経外科　　　　□　内科　　　　□　外科

　　□　その他（_____）

3　鑑定料（必要額）

　（※　鑑定料は消費税や検査料を含めた金額であり，「振込金額の総額」となります。

　　なお，診断書作成料は，鑑定料とは異なりますので，通常どおり，作成依頼者へ

　　御請求ください。）

　　□　3万円　　　□　5万円　　　□　その他（_____円）

　　□　未　定（後日，裁判所から連絡・相談してほしい）

4　鑑定の依頼方法

　　□　直接，先生に連絡して依頼する。

　　□　病院等の事務局に連絡（担当者：_____）して依頼する。

　　□　その他（_____）

5　連絡可能曜日等

　　　　　　　　曜日　　　AM　　　時　　　　分頃

　　　　　　　　　　　　　PM　　　時　　　　分頃

【資料３　本人情報シート】名古屋家庭裁判所HPより

本人情報シート（成年後見制度用）

※　この書面は，本人の判断能力等に関して医師が診断を行う際の補助資料として活用するとともに，家庭裁判所における審理のために提出していただくことを想定しています。
※　この書面は，本人を支える福祉関係者の方によって作成されることを想定しています。
※　本人情報シートの内容についてさらに確認したい点がある場合には，医師や家庭裁判所から問合せがされることもあります。

作成日 ＿＿＿＿＿　年　＿＿＿　月　＿＿＿　日

本人
氏　名：＿＿＿＿＿＿＿＿＿＿＿＿＿
生年月日：＿＿＿　年　＿＿＿　月　＿＿＿　日

作成者
氏　名：＿＿＿＿＿＿＿＿＿＿＿＿　印
職業(資格)：＿＿＿＿＿＿＿＿＿＿＿
連　絡　先：＿＿＿＿＿＿＿＿＿＿＿＿
本人との関係：＿＿＿＿＿＿＿＿＿＿＿

1　本人の生活場所について
□　自宅　（自宅での福祉サービスの利用　□　あり　□　なし）
□　施設・病院
　→　施設・病院の名称　＿＿＿＿＿＿＿＿＿＿＿＿＿＿＿＿＿
　　　住所　＿＿＿＿＿＿＿＿＿＿＿＿＿＿＿＿＿＿＿＿

2　福祉に関する認定の有無等について
□　介護認定　（認定日：　　　　年　　　月）
　□　要支援（１・２）　□　要介護（１・２・３・４・５）
　□　非該当
□　障害支援区分（認定日：　　　　年　　　月）
　□　区分（１・２・３・４・５・６）　□　非該当
□　療育手帳・愛の手帳など　　（手帳の名称　　　　　　）（判定　　　　　）
□　精神障害者保健福祉手帳　　（１・２・３　級）

3　本人の日常・社会生活の状況について
(1) 身体機能・生活機能について
　□　支援の必要はない　　□　一部について支援が必要　　□　全面的に支援が必要
　（今後，支援等に関する体制の変更や追加的対応が必要な場合は，その内容等）

(2) 認知機能について
日によって変動することがあるか：□　あり　□　なし
　（※　ありの場合は，良い状態を念頭に以下のアからエまでチェックしてください。
　　エの項目は裏面にあります。）
　ア　日常的な行為に関する意思の伝達について
　　□　意思を他者に伝達できる　　□　伝達できない場合がある
　　□　ほとんど伝達できない　　□　できない
　イ　日常的な行為に関する理解について
　　□　理解できる　　□　理解できない場合がある
　　□　ほとんど理解できない　　□　理解できない
　ウ　日常的な行為に関する短期的な記憶について
　　□　記憶できる　　□　記憶していない場合がある
　　□　ほとんど記憶できない　　□　記憶できない

1/2

エ　本人が家族等を認識できているかについて
　　□　正しく認識している　　　□　認識できていないところがある
　　□　ほとんど認識できていない　□　認識できていない

(3) 日常・社会生活上支障となる行動障害について
　　□　支障となる行動はない　　　　□　支障となる行動はほとんどない
　　□　支障となる行動がときどきある　□　支障となる行動がある
　　（行動障害に関して支援を必要とする場面があれば，その内容，頻度等）

(4) 社会・地域との交流頻度について
　　□　週1回以上　　　□　月1回以上　　　□　月1回未満

(5) 日常の意思決定について
　　□　できる　　　□　特別な場合を除いてできる　　□　日常的に困難　　□　できない

(6) 金銭の管理について
　　□　本人が管理している　　□　親族又は第三者の支援を受けて本人が管理している
　　□　親族又は第三者が管理している
　　（支援（管理）を受けている場合には，その内容・支援者（管理者）の氏名等）

4　本人にとって重要な意思決定が必要となる日常・社会生活上の課題
　　（※　課題については，現に生じているものに加え，今後生じ得る課題も記載してください。）

5　家庭裁判所に成年後見制度の利用について申立てをすることに関する本人の認識
　　□　申立てをすることを説明しており，知っている。
　　□　申立てをすることを説明したが，理解できていない。
　　□　申立てをすることを説明しておらず，知らない。
　　□　その他
　　（上記チェックボックスを選択した理由や背景事情等）

6　本人にとって望ましいと考えられる日常・社会生活上の課題への対応策
　　（※御意見があれば記載してください。）

（令和2年12月版）

⑸　申立て

　申立書及び附属書類一式の準備が整うと、管轄の家庭裁判所にそれらを提出します（申立書及び附属書類一式は、提出後に家庭裁判所から内容確認の連絡があった場合にスムーズに対応できるように、提出前にすべて写しを取っておくことをお勧めします。）。任意後見監督人の選任申立てについては、法定後見の開始等申立てと異なり、受理面接を不要とする家庭裁判所が多いようですが、提出前に受理面接の日時の予約が必要な家庭裁判所もあるので、事前にどのタイミングで申立書及び附属書類一式の提出をする扱いかを管轄の家庭裁判所に確認しておくことが望ましいと思われます。本人以外の者が申立てた場合、本人が心身の障害により意思を表明できない状態にある場合を除き、任意後見監督人の選任について本人の同意が必要となりますので（任意後見契約法4条3項本文）、本人が施設入所中であったり、入院中であったりするときは、申立て後に、家庭裁判所とその段取りを打ち合わせることになります。

　なお、任意後見監督人の選任申立ては、審判がなされる前であっても、家庭裁判所の許可を得なければ、取り下げることはできませんので（家事事件手続法221条）、慎重に検討してから申し立てる必要があります。

【任意後見監督人選任申立書例】名古屋家庭裁判所HPより

【令和3年4月版】

申立後は，家庭裁判所の許可を得なければ申立てを取り下げることはできません。

※　太わくの中だけ記載してください。
※　該当する部分の□にレ点（チェック）を付してください。

受付印

任意後見監督人選任申立書

※　収入印紙（申立費用）８００円分をここに貼ってください。

【注意】貼った収入印紙に押印・消印はしないでください。
収入印紙（登記費用）１，４００円分はここに貼らないでください。

申立書を提出する裁判所

作成年月日

収入印紙（申立費用）	円		
収入印紙（登記費用）	円	準口頭	関連事件番号　　年（家　　）第　　　　　号
予納郵便切手	円		

○○　家庭裁判所
○○（支部）出張所　御中

令和○年○月○日

申立人又は同手続
代理人の記名押印

甲　野　花　子　㊞

平日（午前９時～午後５時）に連絡が取れる電話及び携帯電話の番号を正確に記載してください。

申立人

住所	〒○○○－　○○○○
	○○県○○市○○町○丁目○番○号
	電話　○○（○○○○）○○○○　　携帯電話　○○○（○○○○）○○○○

ふりがな	こうの　　はなこ	□ 大正
氏名	**甲　野　花　子**	☑ 昭和　○年○月○日生
		□ 平成　　　（○○歳）

本人との関係	☑ 本人　　☑ 配偶者　　□ 四親等内の親族（　　　　　）
	□ 任意後見受任者　　□ その他（　　　　　　　　）

手続代理人

住所（事務所等）	〒　　－
	※法令により裁判上の行為をすることができる代理人又は弁護士を記載してください。
	電話　　（　　　）　　　　ファクシミリ　　　（　　　）

氏名	

本人

本籍（国籍）	○○　都道府（県）　○○市○○町○丁目○番地

住民票上の住所	☑ 申立人と同じ
	〒　　－
	電話　　　（　　　）

実際に住んでいる場所	□ 住民票上の住所と同じ
	〒○○○－○○○○　※病院や施設の場合は，所在地，名称，連絡先を記載してください。
	○○県○○市○○町○丁目○番○号
	病院・施設名（　○○施設○○○○　）電話　○○（○○○○）○○○○

ふりがな	こうの　　たろう	□ 大正
氏名	**甲　野　太　郎**	☑ 昭和　○年○月○日生
		□ 平成　　　（○○歳）

任意後見監督人を選任する必要がある方について記載してください。

1

<table>
<tr><td colspan="2" align="center">申 立 て の 趣 旨</td></tr>
<tr><td colspan="2">任 意 後 見 監 督 人 の 選 任 を 求 め る 。</td></tr>
</table>

<table>
<tr><td colspan="2" align="center">申 立 て の 理 由</td></tr>
<tr><td colspan="2">本人は，（※　　　　　　　　**認知症**　　　　　　　　）により
判断能力が欠けているのが通常の状態又は判断能力が（著しく）不十分である。
※　診断書に記載された診断名（本人の判断能力に影響を与えるもの）を記載してください。</td></tr>
</table>

<table>
<tr><td colspan="2" align="center">申 立 て の 動 機
※　該当する部分の□にレ点（チェック）を付してください。</td></tr>
<tr><td colspan="2">本人は，
☑ 預貯金等の管理・解約　□ 保険金受取　□ 不動産の管理・処分　☑ 相続手続
□ 訴訟手続等　□ 介護保険契約　□ 身上保護（福祉施設入所契約等）
□ その他（　　　　　　　　　　）
の必要がある。</td></tr>
<tr><td colspan="2">※　上記申立ての理由及び動機について具体的な事情を記載してください。書ききれない場合は別紙★に記載してください。★Ａ４サイズの用紙をご自分で準備してください。

平成〇〇年〇月〇日に本人である甲野太郎を委任者，甲野夏男を受任者とする
任意後見契約を締結した。その後，本人は，〇年程前から〇〇施設〇〇〇〇で生
活しているが，本人の認知症が進行した。日常の生活や買い物は支障ないが，財
産管理は難しく，令和〇年〇月に本人の弟である甲野次郎が亡くなり遺産分割の
必要が生じたことから，本件の申立てをした。</td></tr>
</table>

この申立てをするに至ったいきさつや事情をわかりやすく記載してください。

<table>
<tr><td rowspan="2">任意後見
契　　約</td><td>公正証書を作成した
公証人の所属</td><td>〇〇　法務局</td><td>証書番号</td><td>☑ 平成
□ 令和　〇〇年 第〇〇〇〇号</td></tr>
<tr><td>証書作成
年 月 日</td><td>☑ 平成
□ 令和　〇〇年〇月〇日</td><td>登記番号</td><td>第〇〇〇〇－〇〇〇〇号</td></tr>
</table>

<table>
<tr><td colspan="3">□ 申立人と同じ　※ 以下色が付いている欄のみ記載してください。
☑ 申立人以外の〔 ☑ 以下に記載の者　□ 別紙★に記載の者 〕★Ａ４サイズの用紙をご自分で準備してください。</td></tr>
<tr><td rowspan="5">任
意
後
見
受
任
者</td><td>住　所</td><td>〒　　－
申立人の住所と同じ
電話 〇〇 (〇〇〇〇) 〇〇〇〇　携帯電話 〇〇〇 (〇〇〇〇) 〇〇〇〇</td></tr>
<tr><td>ふりがな
氏　名</td><td>こうの　　なつお
甲 野　夏 男　　　　　☑ 昭和
□ 平成　〇年〇月〇日生
（〇〇 歳）</td></tr>
<tr><td>職　業</td><td>**会社員**　勤務先　〒〇〇〇－〇〇〇〇
〇〇県〇〇市〇〇町〇丁目〇〇番〇号　〇〇株式会社
電話 〇〇 (〇〇〇〇) 〇〇〇〇</td></tr>
<tr><td>本人との
関　係</td><td>☑ 親族：□ 配偶者　□ 親　☑ 子　□ 孫　□ 兄弟姉妹
□ 甥姪　□ その他（関係：　　　　　　）
□ 親族外：（関係：　　　　　　　　　　）</td></tr>
</table>

法人の場合には，商業登記簿上の名称又は商号，代表者名及び主たる事務所又は本店の所在地を通宜の欄を使って記載してください。

2

手続費用の上申

□　手続費用については，本人の負担とすることを希望する。

※　申立手数料，送達・送付費用，後見登記手数料，鑑定費用の全部又は一部について，本人の負担とすることが認められる場合があります。

添付書類	※　同じ書類は本人1人につき1通で足ります。審理のために必要な場合は，追加書類の提出をお願いすることがあります。 ※　**個人番号（マイナンバー）が記載されている書類は提出しないようにご注意ください。** ☑　本人の戸籍謄本（全部事項証明書） ☑　本人の住民票又は戸籍附票 ☑　本人の診断書 ☑　本人情報シート写し ☑　本人の健康状態に関する資料 ☑　任意後見契約公正証書写し ☑　本人の登記事項証明書（任意後見契約） ☑　本人の成年被後見人等の登記がされていないことの証明書（証明事項が「成年被後見人，被保佐人，被補助人とする記録がない。」ことの証明書） ☑　本人の財産に関する資料 ☑　本人が相続人となっている遺産分割未了の相続財産に関する資料 ☑　本人の収支に関する資料 □　任意後見受任者が本人との間で金銭の貸借等を行っている場合には，その関係書類（任意後見受任者事情説明書5項に関する資料）

3

【令和３年４月版】

申 立 事 情 説 明 書
（任意後見）

※　申立人が記載してください。申立人が記載できないときは，本人の事情をよく理解している方が記載してください。
※　記入式の質問には，自由に記載してください。選択式の質問には，該当する部分の□にチェックを付してください。

令和 ○ 年 ○ 月 ○ 日

作成者の氏名　甲野　花子　　　　　㊞
（作成者が申立人以外の場合は，本人との関係：＿＿＿＿＿＿＿）

作成者（申立人を含む。）の住所
☑　申立書の申立人欄記載のとおり
□　次のとおり
　　　〒＿＿＿－＿＿＿＿
　　　住所：＿＿＿＿＿＿＿＿＿＿＿＿＿＿

裁判所からの電話での連絡について
　　平日（午前９時～午後５時）の連絡先：電話　○○○　（　○○○○　）　○○○○
　　　　　　　　　　　　　　　　　　　　（☑携帯・□自宅・□勤務先）

・　裁判所名で電話することに支障がありますか。　☑ 電話してもよい ・ □ 支障がある
・　裁判所から連絡するに当たり留意すべきこと（電話することに支障がある時間帯等）があれば記載してください。
　　　特になし

【本人の状況について】
1　本人の生活場所について
(1)　現在の生活場所
□　自宅又は親族宅
　　同居者 → □　なし（１人暮らし）
　　　　　　 □　あり　※　同居している方の氏名・本人との続柄を記載してください。
　　　　　　　　（氏名：＿＿＿＿＿＿　本人との続柄：＿＿＿＿）
　　　　　　　　（氏名：＿＿＿＿＿＿　本人との続柄：＿＿＿＿）
　　　　　　　　（氏名：＿＿＿＿＿＿　本人との続柄：＿＿＿＿）
　　最寄りの公共交通機関（※　わかる範囲で記載してください。）
　　（電車）最寄りの駅：＿＿＿＿＿線＿＿＿＿駅
　　（バス）最寄りのバス停・＿＿＿＿バス（＿＿＿＿行き）　　　　下車
☑　病院又は施設（入院又は入所の日：昭和・㊪平成・令和 ○ 年 ○ 月 ○ 日）
　　名　称：○○施設○○○○
　　所在地：〒○○○－○○○○
　　　　　　○○県○○市○○町○丁目○番○号
　　担当職員：氏名：○○　○○　　役職：○○○○
　　連絡先：電話○○　（○○○○）○○○○

1

最寄りの公共交通機関（※　わかる範囲で記載してください。）
（電車）最寄りの駅：＿＿＿○○○＿＿＿線＿＿＿○○○＿＿＿駅
（バス）最寄りのバス停：＿＿＿＿＿＿＿＿バス（＿＿＿＿＿＿＿行き）＿＿＿＿＿下車

(2)　転居，施設への入所や転院などの予定について
　　　※　申立後に転居・入院・転院した場合には，速やかに家庭裁判所までお知らせください。
　　☑　予定はない。
　　□　予定がある。（□　転居　　□　施設への入所　　□　転院）
　　　　時期：令和＿＿＿＿年＿＿＿月頃
　　　　施設・病院等の名称：＿＿＿＿＿＿＿＿＿＿
　　　　転居先，施設・病院等の所在地：〒＿＿＿＿－＿＿＿＿
　　　　＿＿＿＿＿＿＿＿＿＿＿＿＿＿＿＿＿＿＿＿＿＿＿＿＿＿＿＿＿＿

2　本人の略歴（家族関係（結婚，出産など）及び最終学歴・主な職歴）をわかる範囲で記載してください。

年　月	家族関係	年　月	最終学歴・主な職歴
昭○・○	出生	昭○・○	○○学校を卒業
昭○・○	花子と婚姻	昭○・○	○○株式会社に就職
・		平○・○	同退職
・		・	
・		・	

3　本人の病歴（病名，発症時期，通院歴，入院歴）をわかる範囲で記載してください。
病　　名：＿＿**認知症**＿＿＿＿＿＿＿＿＿
発症時期：**平成　○　年　○　月頃**
通 院 歴：**平成　○　年　○　月頃**　〜　＿＿＿年＿＿＿月頃
入 院 歴：＿＿＿年＿＿＿月頃　〜　＿＿＿年＿＿＿月頃

病　　名：＿＿＿＿＿＿＿＿＿＿＿＿＿＿
発症時期：＿＿＿年＿＿＿月頃
通 院 歴：＿＿＿年＿＿＿月頃　〜　＿＿＿年＿＿＿月頃
入 院 歴：＿＿＿年＿＿＿月頃　〜　＿＿＿年＿＿＿月頃

4　福祉に関する認定の有無等について
　　※　当てはまる数字を○で囲んでください。
　　☑　介護認定　（認定日：**平成　○　年　　○　月**）
　　　　□　要支援（1・2）　　☑　要介護（1・2・③・4・5）
　　　　□　非該当　　　　　　□　認定手続中

2

　□　障害支援区分（認定日：_____年_____月）
　　　□　区分（1・2・3・4・5・6）　　□　非該当　　□　認定手続中
　□　療育手帳（愛の手帳など）　　（手帳の名称：_____）（判定：_____）
　□　精神障害者保健福祉手帳　　　（1・2・3　級）
　□　身体障害者手帳　　　　　　　（1・2・3・4・5・6　級）
　□　いずれもない。

5　金銭の管理について
　※　「金銭の管理」とは，所持金の支出入の把握，管理，計算等を指します。
　□　本人が管理している。
　　　（多額の財産や有価証券等についても，本人が全て管理している。）
　□　任意後見受任者，親族又は第三者の支援を受けて本人が管理している。
　　　（通帳を預かってもらいながら，本人が自らの生活費等を管理している。）
　　→支援者（氏名：_____　本人との関係：_____）
　　　支援の内容（_____）
　☑　任意後見受任者，親族又は第三者が管理している。
　　　（本人の日々の生活費も含めて任意後見受任者等が支払等をして管理している。）
　　→管理者（氏名：**甲野　花子**　本人との関係：**妻**　）
　　　管理の内容（**預貯金通帳の管理を含めて，金銭管理は私が行っている。**　）

【申立ての事情について】
1　本人について，これまで家庭裁判所の成年後見制度の手続を利用したことがありますか。
　☑　なし
　□　あり　→　_____年_____月頃
　　　　　　　　利用した裁判所：_____家庭裁判所_____支部・出張所
　　　　　　　　事件番号：_____年（家）第_____号
　　　　　　　　□　後見開始　□　保佐開始　□　補助開始　□　その他（_____）
　　　　　　　　申立人氏名：_____

2　任意後見契約の締結の経緯等
　契約日　(平成)　令和　○○　年　○　月　○　日
　契約場所　☑　公証役場　　□　自宅　　□　病院・施設　　□　その他（_____）
　事情（どのような経緯で任意後見契約を締結するに至ったかなど）
　　　本人の物忘れが増えてきたので，今後の生活等について家族で話し合ったところ，夏男から，
　　　「将来に備えて，任意後見契約を締結しておくのはどうか。」との提案があったため，任意
　　　後見契約を締結したものである。

3　本人は任意後見契約を締結したことを記憶していますか。
　※　本人が申立人の場合は記載不要です。
　☑　記憶している。
　□　記憶していない。

3

4　本人には，今回の手続をすることを知らせていますか。

※　本人が申立人の場合は記載不要です。

☑　申立てをすることを説明しており，知っている。

　　　⇒　申立てについての本人の意見　☑　賛成　　□　反対　　□　不明

□　申立てをすることを説明したが，理解できていない。

□　申立てをすることを説明しておらず，知らない。

□　その他（　　　　　　　　　　　　　　　　　　　　　　　　　　　）

5　本人の推定相続人について

(1)　本人の推定相続人について氏名，住所等をわかる範囲で記載してください。

　　※　欄が不足する場合は，別紙★に記載してください。★A4サイズの用紙をご自分で準備してください。

　　※　推定相続人とは，仮に本人が亡くなられた場合に相続人となる方々です。

氏　　名	年齢	続柄	住　　　　　所
甲野　花子	○○	妻	〒 申立書に記載のとおり □　本人と同じ
甲野　夏男	○○	子	〒 同上 □　本人と同じ
甲野　冬子	○○	子	〒○○○-○○○○ ○○県○○市○丁目○番○号 □　本人と同じ
甲野　良男	○○	孫	〒○○○-○○○○ ○○県○○市○丁目○○番○○号 □　本人と同じ
甲野　良子	○○	孫	〒○○○-○○○○ ○○県○○市○丁目○○番○号 □　本人と同じ

(2)　(1)で挙げた方のうち，この申立てに反対の意向を示している方がいる場合には，その方の氏名及びその理由等を具体的に記載してください。

氏　　名	理由等

4

6　本人に関し何らかの相談をし又は何らかの援助を受けた福祉機関があれば，チェックを付して，その名称を記載してください。
　　　□　地域包括支援センター（名称：＿＿＿＿＿＿＿＿＿＿＿＿＿）
　　　□　権利擁護センター　　（名称：＿＿＿＿＿＿＿＿＿＿＿＿＿）
　　　□　社会福祉協議会　　　（名称：＿＿＿＿＿＿＿＿＿＿＿＿＿）
　　　□　その他　　　　　　　（名称：＿＿＿＿＿＿＿＿＿＿＿＿＿）
　　　☑　相談をし又は援助を受けた福祉機関はない。

7　家庭裁判所まで本人が来ることは可能ですか。
　　　☑　可能である。
　　　□　不可能又は困難である。
　　　　　理由：＿＿＿＿＿＿＿＿＿＿＿＿＿＿＿＿＿＿＿＿＿＿＿＿

8　本人に申立ての事情等をお伺いする場合の留意点（本人の精神面に関し配慮すべき事項等）があれば記載してください。
　　　　　日程調整については，本人の入所先施設の担当〇〇さん（電話番号〇〇－〇〇〇〇－〇〇〇〇）に連絡してください。
　　　　　＿＿＿＿＿＿＿＿＿＿＿＿＿＿＿＿＿＿＿＿＿＿＿＿＿＿＿

5

【令和3年4月版】

親 族 関 係 図

**※ 申立人や任意後見受任者が本人と親族関係にある場合には，申立人や任意
後見受任者について必ず記載してください。**

※ 本人の推定相続人その他の親族については，わかる範囲で記載してください。

（推定相続人とは，仮に本人が亡くなられた場合に相続人となる方々です。）

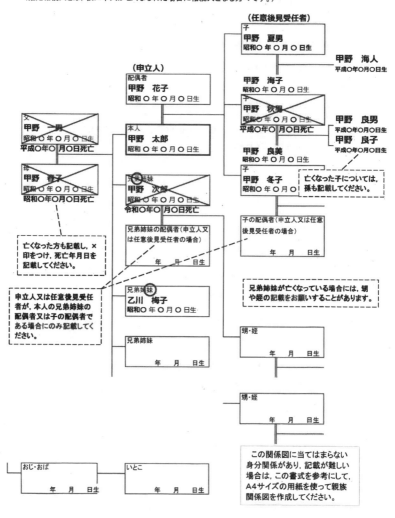

【令和3年4月版】

任意後見受任者事情説明書

※　任意後見受任者の方が記載してください。
※　記入式の質問には，自由に記入してください。選択式の質問には，該当する部分の□にチェックを付してください。

令和 〇 年 〇 月 〇 日

任意後見受任者の氏名　　甲　野　夏　男　　　㊞

任意後見受任者の住所
☑　申立書の任意後見受任者欄記載のとおり
□　次のとおり
〒＿＿＿＿－＿＿＿＿＿
住所：＿＿＿＿＿＿＿＿＿＿＿＿＿＿＿＿＿＿＿＿＿＿＿＿＿

裁判所からの電話での連絡について
平日（午前9時～午後5時）の連絡先：電話　〇〇〇　（　〇〇〇〇　）〇〇〇〇
（☑ 携帯・□ 自宅・□ 勤務先）
・　裁判所名で電話することに支障がありますか。　☑ 電話してもよい　□ 支障がある
・　裁判所から連絡するに当たり留意すべきこと（電話することに支障がある時間帯等）があれば記載してください。
　　　　特になし＿＿＿＿＿＿＿＿＿＿＿＿＿＿＿＿＿＿＿＿＿

1　あなたの現在の生活状況，健康状態など（法人が受任者の場合には記載不要です。）
(1)　職業
（職種：**会社員**＿＿＿＿＿　勤務先名：**〇〇株式会社**＿＿＿＿＿＿＿＿＿＿＿）

(2)　あなたと同居している方を記載してください。
□　同居者なし
☑　同居者あり　※　同居している方の氏名・年齢・あなたとの続柄を記載してください。
（氏名：**甲野　花子**＿＿＿　年齢：**〇〇**　あなたとの続柄：**母**＿＿＿）
（氏名：**甲野　海子**＿＿＿　年齢：**〇〇**　あなたとの続柄：**妻**＿＿＿）
（氏名：**甲野　海人**＿＿＿　年齢：**〇〇**　あなたとの続柄：**長男**＿＿）
（氏名：＿＿＿＿＿＿＿＿＿　年齢：＿＿＿　あなたとの続柄：＿＿＿＿）

(3)　収入等
収入（年収）（　**〇〇〇万**＿＿＿　円）
資産
□　不　動　産
☑　預　貯　金（　**〇〇〇万**＿＿＿　円）
□　有　価　証　券
□　そ　の　他（内容：＿＿＿＿＿＿＿＿＿＿＿＿＿＿＿＿＿）

1

－81－

負債（借金）
□　住宅ローン（＿＿＿＿＿＿＿＿＿円）
☑　自動車ローン（＿＿**〇〇万**＿＿＿円）
□　消費者金融（＿＿＿＿＿＿＿＿＿円）
□　そ　の　他（内容：＿＿＿＿＿＿＿＿＿＿）（金額：＿＿＿＿＿＿＿＿＿＿円）

(4)　あなたとともに生計を立てている方がいる場合又はあなた以外の方の収入で生計を立てている場合には，その方の続柄と収入を記載してください。
あなたとの続柄（　**妻**　）・収入（年収）（　**〇〇〇万**　　円）

(5)　あなたの現在の健康状態（差し支えない範囲で記載してください。）
☑　健康体である。
□　具合が悪い。（具体的な症状：＿＿＿＿＿＿＿＿＿＿＿＿＿＿）
□　通院治療中である。
　　（傷病名：＿＿＿＿＿＿＿　通院の頻度：＿＿か月に＿＿回程度）

2　あなたは，次のいずれかに該当しますか。
□　次の事項に該当する。
□　未成年者である。
□　家庭裁判所で成年後見人，保佐人，補助人等を解任されたことがある。
□　破産手続開始決定を受けたが，免責許可決定を受けていないなどで復権していない。
□　現在，本人との間で訴訟をしている又は過去に訴訟をした。
□　あなたの〔□ 配偶者　□ 親　□ 子〕が，現在，本人との間で訴訟をしている又は過去に訴訟をした。
☑　いずれにも該当しない。

3　本人とあなたとの任意後見契約の効力が生ずることについて，どう思われますか。
☑　必要　　□　不要（不要と思われる理由について記載してください。）
＿＿＿＿＿＿＿＿＿＿＿＿＿＿＿＿＿＿＿＿＿＿＿＿＿＿＿＿＿＿＿＿
＿＿＿＿＿＿＿＿＿＿＿＿＿＿＿＿＿＿＿＿＿＿＿＿＿＿＿＿＿＿＿＿

4　あなたと本人との日常の交流状況（家計状況，面会頻度，介護，援助，事務等）
(1)　本人との関係　☑　本人の親族（続柄：＿**子**＿）　□　その他（＿＿＿＿＿）
(2)　本人との同居の有無
現在，本人と　□　同居中である。（同居を開始した時期＿＿＿＿＿年＿＿月〜）
　　　　　　　☑　同居していない。
(3)　本人との家計の状況
現在，本人と　□　家計が同一である。　☑　家計は別である。
(4)　※　本人と同居していない方のみ回答してください。
本人との面会の状況　☑　月に（　**4**　）回程度　　□　2〜3か月に1回程度
　　　　　　　　　　□　半年に1回程度　　　　□　年に1回程度
　　　　　　　　　　□　ほとんど会っていない　□　その他（＿＿＿＿＿＿）

2

(5)　あなたが本人のために介護や援助など行っていることがあれば記載してください。

　　　本人が入所してから，週1回，面会に行っており，その際に施設の方からも本人の様

　　　子を聞いている。

5　あなたと本人との間で，金銭の貸借，担保提供，保証，立替えを行っている関係があります
か。
　・　金銭貸借　　☑　なし　□　あり（具体的な金額，内容：＿＿＿＿＿＿＿＿＿＿＿＿）
　・　担保提供　　☑　なし　□　あり（具体的な金額，内容：＿＿＿＿＿＿＿＿＿＿＿＿）
　・　保証　　　　☑　なし　□　あり（具体的な金額，内容：＿＿＿＿＿＿＿＿＿＿＿＿）
　・　立替払　　　☑　なし　□　あり（具体的な金額，内容：＿＿＿＿＿＿＿＿＿＿＿＿）
　　　※　あなたが立て替えた金銭が「あり」の場合，本人に返済を求める意思がありますか。
　　　　　□　返済を求める意思はない。　　□　返済を求める意思がある。

　　※　「あり」に該当する項目がある場合は，関係書類（借用書，担保権設定契約書，保証に関
　　　する書類，領収書，立替払を示す領収書・出納帳等）のコピーを添付してください。

6　あなたが任意後見受任者となった経緯や事情を記載してください。また，任意後見契約の
ほかに，本人と締結している財産管理などに関する委任契約がある場合は，その内容を記載
してください。

　　　任意後見契約について家族で話し合った際，本人から，任意後見受任者になってもら

　　　いたいとの意向があったことから，本人の状況をよく把握している私が任意後見受任

　　　者となった。

7　本人の財産管理と身上保護（療養看護）に関する今後の方針，計画
　□　現状を維持する（本人の財産状況，身上保護状況が変化する見込みはない。）。
　☑　以下のとおり，**財産状況**が変化する見込みである。
　　　（大きな収支の変動，多額の入金の予定など，具体的な内容を記載してください。）
　　　本人の弟である甲野次郎が令和〇年〇月に亡くなり，遺産分割手続が行われる予定
　　　で，財産を取得する見込みである。
　☑　以下のとおり，**身上保護（療養看護）の状況**が変化する見込みである。
　　　（必要となる医療や福祉サービス，身の回りの世話など，具体的な内容を記載してくださ
　　　い。）
　　　本人の希望により，他の施設への入所を検討している。

8　任意後見監督人選任の手続
　　誰を任意後見監督人に選任するかについての家庭裁判所の判断に対しては，不服の申立て
　ができないことを理解していますか。
　☑　理解している。　　□　理解していない。

3

9　任意後見人及び任意後見監督人の役割及び責任
　家庭裁判所で配布しているパンフレットや裁判所ウェブサイトの後見ポータルサイト又は
その他の説明資料をご覧になるなどして,任意後見人及び任意後見監督人の役割や責任を理解
していますか。
☑　理解している。
□　理解できないところがある。又は疑問点がある。
　（理解できないところや疑問点について記載してください。）

_____

□　理解できていない。
　→　家庭裁判所で配布しているパンフレットや裁判所ウェブサイトの後見ポータルサイ
　　ト又はその他の説明資料などで,任意後見人及び任意後見監督人の役割や責任について
　　説明していますので，そちらをご覧になってください。

4

【令和3年4月版】

財 産 目 録

令和 ○ 年 ○ 月 ○ 日　　作成者氏名 **甲野 花子** ㊞

本人（　　**甲野 太郎**　　）の財産の内容は以下のとおりです。

※　以下の1から9までの財産の有無等について該当する□にチェックを付し，その内容を記載してください。

※　以下の1から8までの財産に関する資料がある場合には，「資料」欄の□にチェックを付し，当該資料の写しを添付してください。また，財産目録との対応関係がわかるように，資料の写しには対応する番号を右上に付してください。（例：**財**産目録の「**1**預貯金・現金」の「No.**2**」の資料の写しであれば，資料の写しの右上に「**財1－2**」と付記してください。）

※　財産の各記載欄が不足した場合には，この用紙をコピーした上で，「No.」欄の番号を連続するよう付け直してください。

1　預貯金・現金
☑　次のとおり　□　当該財産はない　□　不明

※　「口座種別」欄については，普通預貯金や通常貯金等は「普」，定期預貯金や定額貯金等は「定」の□にチェックを付し，その他の種別は下欄の□にチェックを付し，種別の名称を記載してください。

No.	金融機関の名称	支店名	口座種別	口座番号	最終確認日	残高（円）	管理者	資料
1	〇〇銀行		☑普□定 □	10000-12345678	令和〇年〇月〇日	1,468,422	申立人	☑
2	〇〇銀行	〇〇	☑普□定 □	1234567	令和〇年〇月〇日	749,860	同上	☑
3	〇〇銀行	〇〇	□普☑定 □	2345678	令和〇年〇月〇日	2,000,000	同上	☑
4	〇〇信託銀行	〇〇	□普☑定 □	3456789	令和〇年〇月〇日	5,000,000	同上	☑
5			□普□定 □					□
6			□普□定 □					□
7			□普□定 □					□
8			□普□定 □					□
9			□普□定 □					□
10			□普□定 □					□
現金（預貯金以外で所持している金銭）						0		
合　計						9,218,282		

2　有価証券等（株式，投資信託，国債，社債，外貨預金，手形，小切手など）
☑　次のとおり　□　当該財産はない　□　不明

No.	種類	株式の銘柄，証券会社の名称等	数量，額面金額	評価額（円）	管理者	資料
1	株式	〇〇電気工業	500株	1,000,000	〇〇証券	☑
2	投資信託	〇〇ファンド	200口	2,000,000	〇〇信託銀行	☑
3	国債	利付国債（〇年）第〇〇回	100万円	1,000,000	〇〇証券	☑
4						□
5						□
合　計				4,000,000		

1

3　生命保険，損害保険等（本人が契約者又は受取人になっているもの）
☑　次のとおり　□　当該財産はない　□　不明

No.	保険会社の名称	保険の種類	証書番号	保険金額 （受取額）（円）	契約者	受取人	資料
1	○○生命保険 株式会社	生命保険	11-1111	10,000,000	本人	申立人	☑
2	○○損害保険 株式会社	損害保険	222-222	10,000,000	本人	本人	☑
3							□
4							□
5							□

4　不動産（土地）
☑　次のとおり　□　当該財産はない　□　不明

No.	所　在	地　番	地　目	地積（㎡）	備考 （現状，持分等）	資料
1	○○市○○町○丁目	○番○	宅地	134.56	自宅	☑
2	○○市○区○丁目	○番○	宅地	120.34	丁川四郎に賃貸中 の建物No.2の敷地	☑
3						□
4						□
5						□

5　不動産（建物）
☑　次のとおり　□　当該財産はない　□　不明

No.	所　在	家屋番号	種　類	床面積（㎡）	備考 （現状，持分等）	資料
1	○○市○○町○丁目○番地○	○番○の○	居宅	1階 100.20 2階 90.50	自宅	☑
2	○○市○区○丁目○番地○	○番○	居宅	1階 92.90 2階 60.20	丁川四郎に賃貸中	☑
3						□
4						□
5						□

6　債権（貸付金，損害賠償金など）
☑　次のとおり　□　当該財産はない　□　不明

No.	債務者名（請求先）	債権の内容	残額（円）	備考	資料
1	丙山　三郎	平成○年○月○日 1,200,000円貸付	600,000	預貯金No.1の通帳に毎月末 日10,000円振込	□
2					□
3					□
4					□
5					□
	合　計		600,000		

2

7　その他（自動車など）
　　□　次のとおり　☑　当該財産はない　□　不明

No.	種類	内容	評価額（円）	備考	資料
1					□
2					□
3					□
4					□
5					□

8　負債
　　☑　次のとおり　□　負債はない　□　不明

No.	債権者名（支払先）	負債の内容	残額（円）	返済月額（円）	資料
1	○○銀行○○支店	住宅ローン	1,000,000	預貯金No.1の通帳から毎月30,000円引落し	☑
2					□
3					□
4					□
5					□
合　　計			1,000,000		

9　遺産分割未了の相続財産（本人が相続人となっている遺産）
　　☑　相続財産がある（相続財産目録を作成して提出してください。）
　　□　相続財産はない（相続財産目録は作成する必要はありません。）
　　□　不明　　　　　　（相続財産目録は作成する必要はありません。）

3

【令和3年4月版】

相 続 財 産 目 録

令和 ○ 年 ○ 月 ○ 日　　作成者氏名 **甲野 花子** ㊞

本人（　**甲野 太郎**　）が相続人となっている相続財産の内容は以下のとおりです。

※　本人が相続人となっている<u>遺産分割未了の相続財産</u>がある場合にのみ提出してください。

※　被相続人（亡くなられた方）が複数いる場合には，この目録をコピーするなどして，被相続人ごとにこの目録を作成してください。

※　以下の相続財産の有無等について該当する□にチェックを付し，その内容を記載してください。

※　以下の相続財産に関する資料がある場合には，「資料」欄の□にチェックを付し，当該資料の写しを添付してください。また，相続財産目録との対応関係がわかるように，<u>資料の写しには対応する番号を右上に付してください</u>。（例：<u>相続財産目録</u>の「**1**預貯金・現金」の「No.**2**」の資料の写しであれば，資料の写しの右上に「**相1－2**」と付記してください。）

※　相続財産の各記載欄が不足した場合には，この用紙をコピーした上で，「No.」欄の番号を連続するよう付け直してください。

被相続人の氏名	（　**甲野 次郎**　）
本人との続柄	（本人の　**弟**　）
被相続人が亡くなられた日	（□ 平成・☑ 令和 ○ 年 ○ 月 ○ 日）
本人の法定相続分	（　**2**　分の　**1**　）
遺言書	（□ あり　☑ なし　□ 不明）

1　預貯金・現金
☑　次のとおり　□　当該財産はない　□　不明

※　「口座種別」欄については，普通預貯金や通常貯金等は「普」，定期預貯金や定額貯金等は「定」の□にチェックを付し，その他の種別は下欄の□にチェックを付し，種別の名称を記載してください。

No.	金融機関の名称	支店名	口座種別	口座番号	最終確認日	残高（円）	管理者	資料
1	○○銀行	○○	☑普□定□	4567891	令和○年○月○日	561,234	乙川梅子	☑
2	○○銀行	○○	□普☑定□	5678912	令和○年○月○日	4,000,000	乙川梅子	☑
3			□普□定□					□
4			□普□定□					□
5			□普□定□					□
6			□普□定□					□
7			□普□定□					□
8			□普□定□					□
9			□普□定□					□
10			□普□定□					□
	現金（預貯金以外で所持している金銭）					0		
	合　計					4,561,234		

1

2　有価証券等（株式，投資信託，国債，社債，外貨預金，手形，小切手など）
□　次のとおり　☑　当該財産はない　□　不明

No.	種　類	株式の銘柄，証券会社の名称等	数量，額面金額	評価額（円）	管理者	資料
1						□
2						□
3						□
4						□
5						□
合　計						

3　生命保険，損害保険等（被相続人が受取人になっているもの）
□　次のとおり　☑　当該財産はない　□　不明

No.	保険会社の名称	保険の種類	証書番号	保険金額 (受取額)（円）	契約者	資料
1						□
2						□
3						□
4						□
5						□

4　不動産（土地）
☑　次のとおり　□　当該財産はない　□　不明

No.	所　在	地　番	地　目	地積（㎡）	備考 (現状，持分等)	資料
1	**○○市○○町○丁目**	**○○番**	**宅地**	**123.45**	**更地**	☑
2						□
3						□
4						□
5						□

5　不動産（建物）
□　次のとおり　☑　当該財産はない　□　不明

No.	所　在	家屋番号	種　類	床面積（㎡）	備考 (現状，持分等)	資料
1						□
2						□
3						□
4						□
5						□

2

6 債権（貸付金，損害賠償金など）
□ 次のとおり ☑ 当該財産はない □ 不明

No.	債務者名（請求先）	債権の内容	残額（円）	備考	資料
1					□
2					□
3					□
4					□
5					□
合　計					

7 その他（自動車など）
□ 次のとおり ☑ 当該財産はない □ 不明

No.	種類	内容	評価額（円）	備考	資料
1					□
2					□
3					□
4					□
5					□

8 負債
□ 次のとおり ☑ 負債はない □ 不明

No.	債権者名（支払先）	負債の内容	残額（円）	返済月額（円）	資料
1					□
2					□
3					□
4					□
5					□
合　計					

3

収 支 予 定 表

【令和3年4月版】

令和 ○ 年 ○ 月 ○ 日　　作成者氏名　　甲野　花子　　㊞

本人（　　**甲野　太郎**　　）の収支予定は以下のとおりです。

※　以下の収支について記載し，資料がある場合には，「資料」欄の□にチェックを付し，当該資料の写しを添付してください。また，収支予定表との対応関係がわかるように，資料の写しには対応する番号を右上に付してください。(例：**収**支予定表の「**1**本人の定期的な収入」の「No.**2**国民年金」の資料の写しであれば，資料の写しの右上に**収1－2**と付記してください。)

※　収支の各記載欄が不足した場合には，この用紙をコピーした上で，「No.」欄の番号を連続するよう付け直してください。

1 本人の定期的な収入

No.	名称・支給者等	月 額(円)	入金先口座・頻度等	資料
1	厚生年金	150,000	2か月に1回　☑財産目録預貯金No. 1 の口座に振り込み	☑
2	国民年金（老齢基礎年金）	60,000	2か月に1回　☑財産目録預貯金No. 1 の口座に振り込み	☑
3	その他の年金（　　　）			□
4	生活保護等（　　　）		2か月ごと，四半期ごと，1年に1回の収入などは月額に按分した金額を記載してください（割り切れない場合には，小数第一位を切り上げて記載してください。）。なお，支出の記載においても同様です。	
5	給与・役員報酬等			
6	賃料収入（家賃，地代等）	80,000	丁川四郎から毎月　☑財産目録預貯金No. 1 の口座に振り込み	☑
7	貸付金の返済	10,000	丙山三郎から毎月　☑財産目録預貯金No. 1 の口座に振り込み	☑
8			□財産目録預貯金No. 　の口座に振り込み	□
	収入の合計(月額) =	300,000 円	年額(月額×12か月)= 3,600,000 円	

2 本人の定期的な支出

No.		品 目	月 額(円)	引落口座・頻度・支払方法等	資料
1	生活費	食費・日用品	10,000	現金払い	☑
2		電気・ガス・水道代等		□財産目録預貯金No. 　の口座から自動引き落とし	□
3		通信費		□財産目録預貯金No. 　の口座から自動引き落とし	□
4				□財産目録預貯金No. 　の口座から自動引き落とし	□
5				□財産目録預貯金No. 　の口座から自動引き落とし	□
6	療養費	施設費	120,000	毎月２０日に現金払い　□財産目録預貯金No. 　の口座から自動引き落とし	☑
7		入院費・医療費・薬代		□財産目録預貯金No. 　の口座から自動引き落とし	□
8				□財産目録預貯金No. 　の口座から自動引き落とし	□
9				□財産目録預貯金No. 　の口座から自動引き落とし	□
10				□財産目録預貯金No. 　の口座から自動引き落とし	□

1

11	住居費	家賃		□財産目録預貯金No.　　の口座から自動引き落とし	□
12		地代		□財産目録預貯金No.　　の口座から自動引き落とし	□
13				□財産目録預貯金No.　　の口座から自動引き落とし	□
14				□財産目録預貯金No.　　の口座から自動引き落とし	□
15				□財産目録預貯金No.　　の口座から自動引き落とし	□
16	税金	固定資産税	20,000	5月, 7月, 9月及び12月に ☑財産目録預貯金No. 1　の口座から自動引き落とし	☑
17		所得税	3,000	3月に現金一括払い □財産目録預貯金No.　　の口座から自動引き落とし	☑
18		住民税	3,000	6月, 8月, 10月及び1月に ☑財産目録預貯金No. 1　の口座から自動引き落とし	☑
19				□財産目録預貯金No.　　の口座から自動引き落とし	□
20				□財産目録預貯金No.　　の口座から自動引き落とし	□
21	保険料	国民健康保険料	4,000	☑財産目録預貯金No. 1　の口座から自動引き落とし	☑
22		介護保険料	4,000	☑財産目録預貯金No. 1　の口座から自動引き落とし	☑
23		生命(損害)保険料	8,000	☑財産目録預貯金No. 1　の口座から自動引き落とし	☑
24				□財産目録預貯金No.　　の口座から自動引き落とし	□
25				□財産目録預貯金No.　　の口座から自動引き落とし	□
26	その他	負債の返済	30,000	住宅ローン ☑財産目録預貯金No. 1　の口座から自動引き落とし	☑
27		こづかい			□
28		任意後見人報酬	20,000	毎月現金払い □財産目録預貯金No.　　の口座から自動引き落とし	☑
29				□財産目録預貯金No.　　の口座から自動引き落とし	□
30				□財産目録預貯金No.　　の口座から自動引き落とし	□
31				□財産目録預貯金No.　　の口座から自動引き落とし	□
32				□財産目録預貯金No.　　の口座から自動引き落とし	□
33				□財産目録預貯金No.　　の口座から自動引き落とし	□
支出の合計(月額) ＝			222,000 円	年額(月額×12か月)＝	2,664,000 円

月額　(収入の合計)-(支出の合計)＝⊕-	78,000 円
年額　(収入の合計)-(支出の合計)＝⊕-	936,000 円

2

(6)　**審　判**

　　家庭裁判所による一連の審理の結果、任意後見監督人の選任について次の事由がなく、選任が相当と判断されるとその旨の審判がなされます。

①　本人が未成年者であるとき（任意後見契約法 4 条 1 項 1 号）

②　本人が成年被後見人、被保佐人又は被補助人である場合において、当該本人に係る成年後見、保佐又は補助を継続することが本人の利益のため特に必要であると認めるとき（任意後見契約法 4 条 1 項 2 号）

③　任意後見人が、(a)未成年者、家庭裁判所で免ぜられた法定代理人、保佐人又は補助人、破産者で復権をしていない人であるとき（任意後見契約法 4 条 1 項 3 号イ）、(b)本人に対して訴訟をし、又はした者及びその配偶者並びに直系血族であるとき（同号ロ）、(c)不正な行為、著しい不行跡その他任意後見人の任務に適しない事由がある者であるとき（同号ハ）

　　審判は、本人、申立人、任意後見受任者及び任意後見監督人に選任された者に告知（審判書が送付）されます（家事事件手続法74条 1 項、222条 1 項 1 号）。任意後見監督人を選任する審判に対しては、即時抗告することができないため、審判書が告知される者全員に送達された時に審判の効力が生じます。

5　裁判所書記官による登記の嘱託

　　任意後見監督人選任の審判が確定し、効力を生じた場合、裁判所書記官は、遅滞なく、東京法務局民事行政部後見登録課に対して、任意後見監督人が選任された旨の登記を嘱託しなければならないとされています（家事事件手続法116条 1 号）。

【審判書例】

令和○（家）第○○○○○号　任意後見監督人選任事件

審　　判

住所　○○県○○市……
　申立人　B
本籍　○○県○○市……
住所　○○県○○市……　△△病院
住民票上の住所　○○県○○市……
　本人　A
　昭和○○年○月○日生

本件について、当裁判所は、その申立てを相当と認め、次のとおり審判する。

主　　文

1　本人の任意後見監督人として、次の者を選任する。
　　住所　○○県○○市……
　　氏名　C（司法書士）
2　手続費用のうち、申立手数料、後見登記手数料及び送達・送付費用は本人の負担とし、その余は申立人の負担とする。

令和○年○月○日
○○家庭裁判所
裁判官　○○○○

本書は謄本である。　　同日於同庁　裁判所書記官　○○○○　㊞

【登記事項証明書…通常の１対１の場合、受任者複数で個別代理の場合】

登 記 事 項 証 明 書

任意後見

任意後見契約
　　【公証人の所属】○○法務局
　　【公証人の氏名】甲
　　【証書番号】令和○年第○号
　　【作成年月日】令和○年○月○日
　　【登記年月日】令和○年○月○日
　　【登記番号】第○○○○－○○○○号

任意後見契約の本人
　　【氏　　　名】A
　　【生年月日】昭和○○年○月○日
　　【住　　　所】○○県○○市……
　　【本　　　籍】○○県○○市……

任意後見人
　　【氏　　　名】B
　　【住　　　所】○○県○○市……
　　【代理権の範囲】別紙目録記載のとおり

任意後見監督人
　　【氏　　　名】C
　　【住　　　所】○○県○○市……

【選任の審判確定日】令和〇年〇月〇日

【登記年月日】令和〇年〇月〇日

［証明書番号］〇〇〇〇－××（1/3）

登 記 事 項 証 明 書（別紙目録）

任意後見

代理権目録

代 理 権 目 録

1　甲の有する一切の財産の管理、保存、処分

2　金融機関、郵便局とのすべての取引

3　家賃、地代、年金その他の社会保険給付等定期的な収入の受領、家賃、地代、公共料金等定期的な支出を要する費用の支払い並びにこれらに関する諸手続等一切の事項

4　生活に必要な送金及び物品の購入等に関する一切の事項

5　保険契約の締結、変更、解除、保険料の支払、保険金の受領等保険契約に関する一切の事項

6　登記の申請、供託の申請、住民票、戸籍事項証明書、登記事項証明書の請求、税金の申告・滞納等行政機関に対する一切の申請、請求、申告、支払等

7　医療契約、入院契約、介護契約、施設入所契約その他の福祉サービス利用契約等、甲の身上監護に関する一切の契約の締結、変更、解除、費用の支払等一切の事項

8　要介護認定の申請及び認定に対する承認又は審査請求に関する一切の事項

9　居住用不動産の購入及び賃貸借契約、住居の新築・増改築に関す

る請負契約に関する事項

10　遺産分割の協議、遺留分侵害額請求、相続放棄、限定承認に関する事項

11　配偶者、子の法定後見開始の審判の申立てに関する事項

12　新たな任意後見契約の締結に関する事項

13　復代理人の選任、事務代行者の指定に関する事項

14　以上の各事項に関連する一切の事項

以　　上

登記年月日　令和○年○月○日　　［証明書番号］○○○○－××　(2/3)

登 記 事 項 証 明 書

任意後見

上記のとおり後見登記等ファイルに記録されていることを証明する。

令和○年○月○日

東京法務局　登記官　G　　㊞

［証明書番号］○○○○－××　(3/3)

第2　法定後見制度の利用開始の手続

　法定後見制度の利用を開始するためには、家庭裁判所に成年後見・保佐・補助開始等の申立て（以下、「開始等申立て」といいます。）をする必要があります。

1　管　轄

　開始等申立ては、本人の住所地を管轄する家庭裁判所に申立書及び附属書類等一式を提出することで行います。本人の住所地とは、本人が実際に居住し、生活している場所（民法22条の「生活の本拠」）を意味し、住民票上の住所地と一致するとは限りません。本人が施設入所をしている場合等は、開始等申立ては、その施設の所在地を管轄する家庭裁判所に行うことになります。

2　申立書類と附属書類

　開始等申立てについて、家庭裁判所に提出する書類等は次のとおりです。
① 　成年後見・保佐・補助開始等申立書
② 　保佐・補助の開始等申立てにおいては必要に応じて代理行為目録・同意行為目録
③ 　申立事情説明書
④ 　親族関係図
⑤ 　親族の意見書
⑥ 　後見人等候補者事情説明書
⑦ 　財産目録（本人の財産についての資料を含む。）
⑧ 　本人を相続人とする相続財産がある場合は、相続財産目録（相続財産についての資料を含む。）
⑨ 　収支予定表（本人の収支についての資料を含む。）
⑩ 　診断書（診断書附票・鑑定連絡票含む。）

⑪　本人情報シートの写し

⑫　本人の戸籍謄本（全部事項証明書）

⑬　本人及び法定後見人候補者等の住民票（世帯全員、マイナンバー記載の ないもの）又は戸籍の附票

⑭　申立人の戸籍謄本（全部事項証明書。本人と申立人との親族関係がわか るもの（⑫の戸籍謄本等によりわかる場合は添付不要。））

⑮　本人の登記されていないことの証明書（「成年被後見人、被保佐人、被 補助人、任意後見契約の本人とする記録がない」旨のもの）

⑯　後見人候補者等が法人の場合は、その法人の登記事項証明書等

　この他、任意的に本人の介護保険の被保険者証、要介護・要支援認定該当通知書、障害者手帳中の障害の程度がわかる級・度数の記載部分の頁の写し等を提出することも審理を円滑に進める上で有用とされています。

　⑦の本人の財産についての資料、⑧の相続財産についての資料及び、⑨の本人の収支についての資料は、前述の任意後見監督人の選任申立てと同じです。

3　申立費用

　開始等申立てに必要な費用は、①申立手数料、②後見登記手数料、③予納郵券、④鑑定費用です（家事事件手続法28条1項）。これらの費用は、原則として、本人ではなく、申立人が負担することになりますが、申立人が希望する場合は、これらの費用の全部又は一部について、本人の負担とすることが認められることがあります（同条2項）。

①　申立手数料

　　開始等申立ての申立手数料は、収入印紙800円です。保佐・補助の場合で、代理権付与や同意権付与の申立てをする場合は、その申立事項1つにつき収入印紙800円を加算します。

　　例えば、成年後見開始等申立ての場合は800円分、保佐開始等申立てと代理権付与の申立てをともに行う場合は1,600円分、補助開始等申立てと代理権・同意権付与の申立てをともに行う場合は2,400円分の収入印紙が

必要になります。

② 後見登記手数料

　開始等申立てについての審判がなされると、裁判所書記官は、東京法務局民事行政部後見登録課に後見登記を嘱託します。その登記嘱託費用として、2,600円分の収入印紙を納めます。

③ 予納郵券

　連絡用の郵便切手として、各裁判所が定める金額ごとの枚数を開始等申立て時に提出します。金額は、概ね3,000円から6,000円分程とされているようです。

④ 鑑定費用

　家庭裁判所は、明らかにその必要がないと認めるときを除き、本人の精神の状況につき鑑定をしなければ、成年後見・保佐開始の審判をすることができないとされています（家事事件手続法119条1項、133条。補助開始については、原則的に鑑定は不要とされています。）。鑑定は必ず行われるとは限らないので、鑑定費用は、申立後に鑑定が行われることが決まってから家庭裁判所の指示に従って納付すれば足ります。金額は、鑑定医によって異なりますが、概ね5万円から10万円程のようです。

4　申立ての準備

(1) 診断書・鑑定連絡票・本人情報シートの取得

　開始等申立てについての準備は、まず、本人の判断能力の程度を測定することから始めます。成年後見、保佐、補助のうち、どの類型の開始等申立てを選択するかは、基本的に、申立書の附属書類である医師の診断書（家庭裁判所所定のもので、ひな形例は第1の4(4)資料1の66〜67ページと同じです。）の記載内容を目安に判断することになります。つまり、診断書の「3　判断能力についての意見」の欄の「契約等の意味・内容を自ら理解し、判断することができる。」と診断されると、本人は十分な判断能力を有する状態であるとされるので開始等申立てをすることができませ

ん。「支援を受けなければ、契約等の意味・内容を自ら理解し、判断することが難しい場合がある。」と診断されると補助、「支援を受けなければ、契約等の意味・内容を自ら理解し、判断することができない。」と診断されると保佐、「支援を受けても、契約等の意味・内容を自ら理解し、判断することができない。」と診断されると成年後見の開始等申立てをすることになります。

　診断書を作成してもらう医師は、必ずしも精神科の専門医である必要はありません。診断書の取得には、1〜3か月程の期間を要することもあるので、申立てを急ぐ場合は、できるだけ早く診断書の取得に着手した方が良いと思われます。診断書の作成を依頼する際は、申立て後に家庭裁判所が精神鑑定を依頼するとした場合に引き受けてもらえるかどうかを鑑定連絡票（家庭裁判所所定のもので、ひな形例は第1の4(4)資料2の68ページと同じです。）に記入してもらいます。

　また、本人に日頃から支援を受けているケアマネージャー、ケースワーカー等の福祉関係者がいる場合は、診断書作成の補助資料としてそれらの者に本人情報シート（家庭裁判所所定のもので、ひな形例は第1の4(4)資料3の69〜70ページと同じです。）を作成してもらい、診断書の作成を依頼するときに医師にそれを提出することが望ましいとされています。

(2)　**申立書類と附属書類の作成、添付書類の収集**

　診断書を取得した後は、その記載内容からどの類型の法定後見の開始等申立てをするかを決定し、前記2の書類作成と資料・戸籍等の収集に着手していきます。

5　申立て

　申立書及び附属書類一式（申立書等記載例については、103〜137ページを参照）の準備が整うと、管轄の家庭裁判所にそれらを提出します（申立書及び附属書類一式は、提出後に家庭裁判所からの内容確認の連絡があった場合にスムーズに対応できるように、提出前にすべて写しを取っておくことをお勧めしま

す。）。提出前に受理面接の日時の予約が必要な家庭裁判所もあるので、事前に
どのタイミングで申立書及び附属書類一式の提出をする扱いかを管轄の家庭裁
判所に確認しておくことが望ましいと思われます。なお、法定後見の開始等申
立ては、審判がなされる前であっても、家庭裁判所の許可を得なければ、取り
下げることはできませんので（家事事件手続法121条 1 号、133条、142条）、慎
重に検討してから申し立てる必要があります。

コラム　法定後見開始等申立ての動機

　法定後見開始等申立てについて、制度の利用を検討している申立人は、
判断能力の低下した本人ではなく、その親族等であることが多いです。後
見人は、本人の利益のために財産管理や身上保護に関する事務を行います
が、本人以外の者の利益を図るために事務を行うことはできません。

　申立ての動機は、「本人の預貯金口座を手続できるようにしたい。」「施
設費用の捻出のために、本人名義の不動産を売却したい。」「本人が相続人
になっている相続について、遺産分割協議を行いたい。」というものが多
いようですが、それらはすべて本人の利益のために行われなければなりま
せん。定期預金を解約したとしても、特段の事情がない限り、それを本人
以外の者のために支出してはいけませんし、本人死亡時の相続税対策のた
めに不動産を処分するようなことも許されません。

【申立書記載例】名古屋家庭裁判所HPより

【令和３年４月版】

申立後は，家庭裁判所の許可を得なければ申立てを取り下げることはできません。

記載例（後見開始）

※　太わくの中だけ記載してください。
※　該当する部分の□にレ点（チェック）を付してください。

受付印

（ ☑後見 □保佐 □補助 ） 開始等申立書

※　該当するいずれかの部分の□にレ点（チェック）を付してください。

※ 収入印紙（申立費用）をここに貼ってください。
後見又は保佐開始のときは，８００円分
保佐又は補助開始＋代理権付与又は同意権付与のときは，１，６００円分
保佐又は補助開始＋代理権付与＋同意権付与のときは，２，４００円分
【注意】貼った収入印紙に押印・消印はしないでください。
収入印紙（登記費用）２，６００円分はここに貼らないでください。

申立書を提出する裁判所

作成年月日

収入印紙（申立費用）	円
収入印紙（登記費用）	円
予納郵便切手	円

準口頭　　関連事件番号　　　年（家　　）第　　　　号

○○　家庭裁判所
○○（支部）出張所　御中
令和○ 年 ○ 月 ○ 日

申立人又は同手続
代理人の記名押印

甲 野 　 花 子 印

平日（午前９時～午後５時）に連絡が取れる電話及び携帯電話の番号を正確に記載してください。

申立人	住所	〒○○○－○○○○ ○○県○○市○○町○丁目○番○号 電話 ○○ (○○○○) ○○○○　　携帯電話 ○○○ (○○○○) ○○○○
	ふりがな 氏名	こうの　　はなこ **甲 野 　 花 子**	□大正 ☑昭和 □平成　○年○月○日生（ ○○ 歳）
	本人との関係	□本人 ☑配偶者 □親 □子 □孫 □兄弟姉妹 □甥姪 □その他の親族（関係：　　　） □市区町村長 □その他（　　　）

手続代理人	住所（事務所等）	〒　－　　※法令により裁判上の行為をすることができる代理人又は弁護士を記載してください。 電話　（　　）　　ファクシミリ　（　　）
	氏名	

成年後見人を選任する必要がある方について記載してください。

本人	本籍（国籍）	○○ 都道府県 ○○市○○町○○番地
	住民票上の住所	☑申立人と同じ 〒　－ 電話 ○○ (○○○○) ○○○○
	実際に住んでいる場所	□住民票上の住所と同じ 〒○○○－○○○○ ※病院や施設の場合は，所在地，名称，連絡先を記載してください。 ○○県○○市○○町○丁目○番○号 病院・施設名（ ○○病院 ）電話 ○○ (○○○○) ○○○○
	ふりがな 氏名	こうの　　たろう **甲 野 　 太 郎**	□大正 ☑昭和 □平成　○年○月○日生（ ○○ 歳）

1

申 立 て の 趣 旨
※　該当する部分の□にレ点（チェック）を付けてください。

☑　本人について**後見**を開始するとの審判を求める。

□　本人について**保佐**を開始するとの審判を求める。
※　以下は，必要とする場合に限り，該当する部分の□にレ点（チェック）を付けてください。なお，保佐開始申立ての場合，民法１３条１項に規定されている行為については，同意権付与の申立ての必要はありません。

　　□　本人のために別紙代理行為目録記載の行為について**保佐人に代理権を付与する**との審判を求める。

　　□　本人が民法１３条１項に規定されている行為のほかに，下記の行為（日用品の購入その他日常生活に関する行為を除く。）をするにも，**保佐人の同意を得なければならない**との審判を求める。

記

_____

_____

□　本人について**補助**を開始するとの審判を求める。
※　以下は，少なくとも１つは，該当する部分の□にレ点（チェック）を付けてください。

　　□　本人のために別紙代理行為目録記載の行為について**補助人に代理権を付与する**との審判を求める。

　　□　本人が別紙同意行為目録記載の行為（日用品の購入その他日常生活に関する行為を除く。）をするには，**補助人の同意を得なければならない**との審判を求める。

申 立 て の 理 由

本人は，（※　　　　　　　**認知症**　　　　　　　）により
判断能力が欠けているのが通常の状態又は判断能力が（著しく）不十分である。
※　診断書に記載された診断名（本人の判断能力に影響を与えるもの）を記載してください。

申 立 て の 動 機
※　該当する部分の□にレ点（チェック）を付けてください。

本人は，
☑　預貯金等の管理・解約　□　保険金受取　□　不動産の管理・処分　☑　相続手続
□　訴訟手続等　□　介護保険契約　□　身上保護（福祉施設入所契約等）
□　その他（　　　　　　　　　　　　　）
の必要がある。

※　上記申立ての理由及び動機について具体的な事情を記載してください。書ききれない場合は別紙★を利用してください。★Ａ４サイズの用紙をご自分で準備してください。

　　本人は，〇年程前から認知症で〇〇病院に入院しているが，その症状は回復の
見込みがなく，日常的に必要な買い物も一人でできない状態である。

　　令和〇年〇月に本人の弟である甲野次郎が亡くなり遺産分割の必要が生じたこ
とから本件を申し立てた。申立人も病気がちなので，成年後見人には，健康状態
に問題のない長男の甲野夏男を選任してもらいたい。

この申立てをするに至ったいきさつや事情をわかりやすく記載してください。

2

<table>
<tr><td rowspan="6" style="writing-mode:vertical">成年後見人等候補者</td></tr>
</table>

法人の場合には，商業登記簿上の名称又は商号，代表者名及び主たる事務所又は本店の所在地を適宜の欄を使って記載してください。

成年後見人等候補者		
	□ 家庭裁判所に一任　※　以下この欄の記載は不要 □ 申立人　※　申立人が候補者の場合は，以下この欄の記載は不要 ☑ 申立人以外の〔　☑ 以下に記載の者　□ 別紙★に記載の者　〕★A4サイズの用紙をご自分で準備してください。	
住　所	〒　　－ **申立人の住所と同じ** 電話　○○（○○○○）○○○○　　携帯電話　○○○（○○○○）○○○○	
ふりがな 氏　名	こう　の　　なつ　お **甲　野　　夏　男**	☑ 昭和 □ 平成　○年○月○日生 （　○○　歳）
本人との関係	☑ 親族：□ 配偶者　□ 親　☑ 子　□ 孫　□ 兄弟姉妹 　　　　□ 甥姪　□ その他（関係：　　　） □ 親族外：（関係：　　　　　　　　　　　　　）	

手続費用の上申

□　手続費用については，本人の負担とすることを希望する。

※　申立手数料，送達・送付費用，後見登記手数料，鑑定費用の全部又は一部について，本人の負担とすることが認められる場合があります。

添付書類	※ 同じ書類は本人１人につき１通で足ります。審理のために必要な場合は，追加書類の提出をお願いすることがあります。 **※ 個人番号（マイナンバー）が記載されている書類は提出しないようにご注意ください。** ☑ 本人の戸籍謄本（全部事項証明書） ☑ 本人の住民票又は戸籍附票 ☑ 成年後見人等候補者の住民票又は戸籍附票 （成年後見人等候補者が法人の場合には，当該法人の商業登記簿謄本（登記事項証明書）） ☑ 本人の診断書 ☑ 本人情報シート写し ☑ 本人の健康状態に関する資料 ☑ 本人の成年被後見人等の登記がされていないことの証明書 ☑ 本人の財産に関する資料 ☑ 本人が相続人となっている遺産分割未了の相続財産に関する資料 ☑ 本人の収支に関する資料 □ （保佐又は補助開始の申立てにおいて同意権付与又は代理権付与を求める場合）同意権，代理権を要する行為に関する資料（契約書写しなど） □ 成年後見人等候補者が本人との間で金銭の貸借等を行っている場合には，その関係書類（後見人等候補者事情説明書４項に関する資料）

3

【令和３年４月版】

申立後は，家庭裁判所の許可を得なければ申立てを取り下げることはできません。

※　太わくの中だけ記載してください。
※　該当する部分の□にレ点（チェック）を付してください

受付印

（ □後見 ☑保佐 □補助 ）開始等申立書

※　該当するいずれかの部分の□にレ点（チェック）を付してください。

申立書を提出する裁判所

作成年月日

※　収入印紙（申立費用）をここに貼ってください。
後見又は保佐開始のときは，８００円分
保佐又は補助開始＋代理権付与又は同意権付与のときは，１，６００円分
保佐又は補助開始＋代理権付与＋同意権付与のときは，２，４００円分
【注意】貼った収入印紙に押印・消印はしないでください。
収入印紙（登記費用）２，６００円分はここに貼らないでください。

収入印紙（申立費用）	円
収入印紙（登記費用）	円
予納郵便切手	円

準口頭　　関連事件番号　　年（家　）第　　　号

○○　家庭裁判所
○○（支部）・出張所　御中

令和○　年　○　月　○　日

申立人又は同手続
代理人の記名押印

甲　野　花　子 ㊞

平日（午前９時〜午後５時）に連絡
が取れる電話及び携帯電話の番号を
正確に記載してください。

<table>
<tr><td rowspan="5">申立人</td><td>住　所</td><td colspan="2">〒 ○○○－　○○○○
○○県○○市○○町○丁目○番○号
電話　○○（○○○○）○○○○　　携帯電話　○○○（○○○○）○○○○</td></tr>
<tr><td>ふりがな</td><td colspan="2">こう　の　　　　はな　こ</td><td rowspan="2">□ 大正
☑ 昭和　　○年○月○日生
□ 平成　　　　（ ○○ 歳）</td></tr>
<tr><td>氏　名</td><td colspan="2">甲　野　花　子</td></tr>
<tr><td>本人との
関　係</td><td colspan="3">□ 本人　☑ 配偶者　　□ 親　　□ 子　　□ 孫　　□ 兄弟姉妹　　□ 甥姪
□ その他の親族（関係：　　　　　　　）　　□ 市区町村長
□ その他（　　　　　　　　）</td></tr>
</table>

<table>
<tr><td rowspan="2">手続代理人</td><td>住　所
（事務所等）</td><td>〒　　　　　　※法令により裁判上の行為をすることができる代理人又は弁護士を
　　　　　　　記載してください。

電話　　　（　　　）　　　　ファクシミリ　　　（　　　）</td></tr>
<tr><td>氏　名</td><td></td></tr>
</table>

<table>
<tr><td rowspan="5">本人</td><td>本　籍
（国籍）</td><td colspan="2">○○　都道府（県）　○○市○○町○○番地</td></tr>
<tr><td>住民票上
の住所</td><td colspan="2">☑ 申立人と同じ
〒　　－

電話　○○（○○○○）○○○○</td></tr>
<tr><td>実際に
住んでいる
場　所</td><td colspan="2">□ 住民票上の住所と同じ
〒○○○－○○○○　※ 病院や施設の場合は，所在地，名称，連絡先を記載してください。
○○県○○市○○町○丁目○番○号
病院・施設名（　○○病院　　　）電話　○○（○○○○）○○○○</td></tr>
<tr><td>ふりがな</td><td colspan="2">こう　の　　　た　ろう</td><td rowspan="2">□ 大正
☑ 昭和　　○年○月○日生
□ 平成　　　　（ ○○ 歳）</td></tr>
<tr><td>氏　名</td><td colspan="2">甲　野　太　郎</td></tr>
</table>

1

申 立 て の 趣 旨
※　該当する部分の□にレ点（チェック）を付してください。

□　本人について**後見**を開始するとの審判を求める。

☑　本人について**保佐**を開始するとの審判を求める。
※　以下は，<u>必要とする場合に限り</u>，該当する部分の□にレ点（チェック）を付してください。なお，保佐開始申立ての場合，民法１３条１項に規定されている行為については，同意権付与の申立ての必要はありません。

　　☑　本人のために別紙代理行為目録記載の行為について**保佐人**に**代理権**を付与するとの審判を求める。

　　□　本人が民法１３条１項に規定されている行為のほかに，下記の行為（日用品の購入その他日常生活に関する行為を除く。）をするにも，<u>保佐人の同意を得なければならない</u>との審判を求める。

記

_____

_____

□　本人について**補助**を開始するとの審判を求める。
※　以下は，<u>少なくとも１つは</u>，該当する部分の□にレ点（チェック）を付してください。

　　□　本人のために別紙代理行為目録記載の行為について**補助人**に**代理権**を付与するとの審判を求める。

　　□　本人が別紙同意行為目録記載の行為（日用品の購入その他日常生活に関する行為を除く。）をするには，<u>補助人の同意を得なければならない</u>との審判を求める。

申 立 て の 理 由

本人は，(※　　　　**認知症**　　　　)により
判断能力が欠けているのが通常の状態又は判断能力が（著しく）不十分である。
※　診断書に記載された診断名（本人の判断能力に影響を与えるもの）を記載してください。

申 立 て の 動 機
※　該当する部分の□にレ点（チェック）を付してください。

本人は，
☑　預貯金等の管理・解約　□　保険金受取　□　不動産の管理・処分　☑　相続手続
□　訴訟手続等　□　介護保険契約　□　身上保護（福祉施設入所契約等）
□　その他（　　　　　　　　　　　）
の必要がある。

※　上記申立ての理由及び動機について具体的な事情を記載してください。書ききれない場合は別紙★を利用してください。★Ａ４サイズの用紙をご自分で準備してください。

本人は，〇年程前から認知症で〇〇病院に入院しているが，その症状は回復の見込みがない状態である。

令和〇年〇月に本人の弟である甲野次郎が亡くなり遺産分割の必要が生じたが，本人が一人で手続を行うことには不安があるので，本件を申し立てた。申立人も病気がちなので，保佐人には，健康状態に問題のない長男の甲野夏男を選任してもらいたい。

2

法人の場合には，商業登記簿上の名称又は商号，代表者名及び主たる事務所又は本店の所在地を適宜の欄を使って記載してください。

成年後見人等候補者		☐ 家庭裁判所に一任　※　以下この欄の記載は不要
		☐ 申立人　※　申立人が候補者の場合は，以下この欄の記載は不要
		☑ 申立人以外の〔　☑ 以下に記載の者　☐ 別紙★に記載の者　〕★A4サイズの用紙をご自分で準備してください。
	住　所	〒 **申立人の住所と同じ** 電話 ○○ (○○○○) ○○○○　　携帯電話 ○○○ (○○○○) ○○○○
	ふりがな	こうの　　　なつお
	氏　名	**甲　野　夏　男**　　　　☑ 昭和　　○ 年○ 月○ 日生 　　　　　　　　　　　　☐ 平成　　　（ ○○ 歳）
	本人との関　係	☑ 親　族：☐ 配偶者　☐ 親　☑ 子　☐ 孫　☐ 兄弟姉妹 　　　　　☐ 甥姪　☐ その他（関係：　　　　　　　　） ☐ 親族外：（関係：　　　　　　　　　　　　　　　　　　）

手続費用の上申

☐　手続費用については，本人の負担とすることを希望する。

※　申立手数料，送達・送付費用，後見登記手数料，鑑定費用の全部又は一部について，本人の負担とすることが認められる場合があります。

添付書類	※　同じ書類は本人1人につき1通で足ります。審理のために必要な場合は，追加書類の提出をお願いすることがあります。 ※　個人番号（マイナンバー）が記載されている書類は提出しないようにご注意ください。 ☑　本人の戸籍謄本（全部事項証明書） ☑　本人の住民票又は戸籍附票 ☑　成年後見人等候補者の住民票又は戸籍附票 　　（成年後見人等候補者が法人の場合には，当該法人の商業登記簿謄本（登記事項証明書） ☑　本人の診断書 ☑　本人情報シート写し ☑　本人の健康状態に関する資料 ☑　本人の成年被後見人等の登記がされていないことの証明書 ☑　本人の財産に関する資料 ☑　本人が相続人となっている遺産分割未了の相続財産に関する資料 ☑　本人の収支に関する資料 ☑　(保佐又は補助開始の申立てにおいて同意権付与又は代理権付与を求める場合) 　　同意権，代理権を要する行為に関する資料（契約書写しなど） ☐　成年後見人等候補者が本人との間で金銭の貸借等を行っている場合には，その関係書類（後見人等候補者事情説明書4項に関する資料）

3

【令和3年4月版】

申立後は，家庭裁判所の許可を得なければ申立てを取り下げることはできません。

※　太わくの中だけ記載してください。
※　該当する部分の□にレ点（チェック）を付してください。

記載例（補助開始）

受付印

申立書を提出する裁判所	**（ □後見 □保佐 ☑補助 ） 開始等申立書** ※ 該当するいずれかの部分の□にレ点（チェック）を付してください。

作成年月日

※ 収入印紙（申立費用）をここに貼ってください。
後見又は保佐開始のときは，８００円分
保佐又は補助開始＋代理権付与又は同意権付与のときは，１，６００円分
保佐又は補助開始＋代理権付与＋同意権付与のときは，２，４００円分
【注意】貼った収入印紙に押印・消印はしないでください。
収入印紙（登記費用）２，６００円分はここに貼らないでください。

収入印紙（申立費用）	円	準口頭	関連事件番号　　年（家　　）第　　　　号
収入印紙（登記費用）	円		
予納郵便切手	円		

○○　家庭裁判所 ○○　⊂支部⊃出張所　御中 令和　○　年　○　月　○　日	申立人又は同手続 代理人の記名押印	**甲　野　花　子** 印

平日（午前９時～午後５時）に連絡が取れる電話及び携帯電話の番号を正確に記載してください。

補助人を選任する必要がある方について記載してください。

申立人	住所	〒○○○－　○○○○ ○○県○○市○○町○丁目○番○号 電話 ○○（○○○○）○○○○　　携帯電話 ○○○（○○○○）○○○○
	ふりがな 氏　名	こうの　　はなこ **甲　野　花　子**	□大正　☑昭和　□平成　○年○月○日生　（ ○○ 歳）
	本人との関係	□本人　☑配偶者　□親　□子　□孫　□兄弟姉妹　□甥姪 □その他の親族（関係：　　　　）　□市区町村長 □その他（　　　）

手続代理人	住所（事務所等）	〒　　－　　　　※法令により裁判上の行為をすることができる代理人又は弁護士を記載してください。
		電話　（　　）　　　ファクシミリ　（　　）
	氏　名	

本人	本籍（国籍）	○○　都道⊂府県⊃　○○市○○町○○番地
	住民票上の住所	☑申立人と同じ 〒　　－ 電話 ○○（○○○○）○○○○
	実際に住んでいる場所	□住民票上の住所と同じ 〒○○○－○○○○　※病院や施設の場合は，所在地，名称，連絡先を記載してください。 ○○県○○市○○町○丁目○番○号 病院・施設名（ ○○病院 ）電話 ○○（○○○○）○○○○
	ふりがな 氏　名	こうの　　たろう **甲　野　太　郎**	□大正　☑昭和　□平成　○年○月○日生　（ ○○ 歳）

1

申　立　て　の　趣　旨
※　該当する部分の□にレ点（チェック）を付してください。

☐　本人について**後見**を開始するとの審判を求める。

☐　本人について**保佐**を開始するとの審判を求める。
※　以下は，必要とする場合に限り，該当する部分の□にレ点（チェック）を付してくださ
い。なお，保佐開始申立ての場合，民法１３条１項に規定されている行為については，同意権
付与の申立ての必要はありません。

　　☐　本人のために**別紙代理行為目録記載**の行為について**保佐人**に**代理権**を付与するとの
　　　審判を求める。

　　☐　本人が民法１３条１項に規定されている行為のほかに，下記の行為（日用品の購入その
　　　他日常生活に関する行為を除く。）をするにも，保佐人の同意を得なければならない
　　　との審判を求める。

記

_____

_____

☑　本人について**補助**を開始するとの審判を求める。
※　以下は，少なくとも１つは，該当する部分の□にレ点（チェック）を付してください。

　　☑　本人のために**別紙代理行為目録記載**の行為について**補助人**に**代理権**を付与するとの
　　　審判を求める。

　　☑　本人が別紙同意行為目録記載の行為（日用品の購入その他日常生活に関する行為を除
　　　く。）をするには，補助人の同意を得なければならないとの審判を求める。

申　立　て　の　理　由

本人は，（※　　　　**認　知　症**　　　　）により
判断能力が欠けているのが通常の状態又は判断能力が（著しく）不十分である。
※　診断書に記載された診断名（本人の判断能力に影響を与えるもの）を記載してください。

申　立　て　の　動　機
※　該当する部分の□にレ点（チェック）を付してください。

本人は，
☑　預貯金等の管理・解約　☐　保険金受取　☐　不動産の管理・処分　☑　相続手続
☐　訴訟手続等　☐　介護保険契約　☐　身上保護（福祉施設入所契約等）
☐　その他（　　　　　　　　　　　）
の必要がある。

※　上記申立ての理由及び動機について具体的な事情を記載してください。書ききれない場合
は別紙★を利用してください。★Ａ４サイズの用紙をご自分で準備してください。

本人は，〇年程前から認知症の症状が出ていると言われている。

令和〇年〇月に本人の弟である甲野次郎が亡くなり遺産分割の必要が生じたが，

本人が一人で手続を行うことには不安があるので，本件を申し立てた。また，以前，

訪問販売で高価な物を購入して困ったことがあったので，補助人に同意権を与え

てほしい。申立人も病気がちなので，補助人には，健康状態に問題のない長男の

甲野夏男を選任してもらいたい。

この申立てをするに至ったいきさつや事情をわかりやすく記載してください。

2

<table>
<tr><td rowspan="16" style="writing-mode:vertical">法人の場合には，商業登記簿上の名称又は商号，代表者名及び主たる事務所又は本店の所在地を適宜の欄を使って記載してください。</td></tr>
</table>

成年後見人等候補者		□ 家庭裁判所に一任　※　以下この欄の記載は不要 □ 申立人　※　申立人が候補者の場合は，以下この欄の記載は不要 ☑ 申立人以外の〔　☑ 以下に記載の者　□ 別紙★に記載の者　〕★A4サイズの用紙をご自分で準備してください。
	住　所	〒　　－ **申立人の住所と同じ** 電話　〇〇（〇〇〇〇）〇〇〇〇　　携帯電話　〇〇〇（〇〇〇〇）〇〇〇〇
	ふりがな 氏　名	こうの　　なつお **甲　野　夏　男**　　☑ 昭和　　〇年〇月〇日生 □ 平成　　（ 〇〇 歳）
	本人との関係	☑ 親族：□ 配偶者　□ 親　☑ 子　□ 孫　□ 兄弟姉妹 □ 甥姪　□ その他（関係：　　） □ 親族外：（関係：　　　）

手続費用の上申

□ 手続費用については，本人の負担とすることを希望する。

※ 申立手数料，送達・送付費用，後見登記手数料，鑑定費用の全部又は一部について，本人の負担とすることが認められる場合があります。

添付書類	※ 同じ書類は本人1人につき1通で足ります。審理のために必要な場合は，追加書類の提出をお願いすることがあります。 ※ **個人番号（マイナンバー）が記載されている書類は提出しないようにご注意ください。** ☑ 本人の戸籍謄本（全部事項証明書） ☑ 本人の住民票又は戸籍附票 ☑ 成年後見人等候補者の住民票又は戸籍附票 　（成年後見人等候補者が法人の場合には，当該法人の商業登記簿謄本（登記事項証明書）） ☑ 本人の診断書 ☑ 本人情報シート写し ☑ 本人の健康状態に関する資料 ☑ 本人の成年被後見人等の登記がされていないことの証明書 ☑ 本人の財産に関する資料 ☑ 本人が相続人となっている遺産分割未了の相続財産に関する資料 ☑ 本人の収支に関する資料 ☑ （保佐又は補助開始の申立てにおいて同意権付与又は代理権付与を求める場合）同意権，代理権を要する行為に関する資料（契約書写しなど） □ 成年後見人等候補者が本人との間で金銭の貸借等を行っている場合には，その関係書類（後見人等候補者事情説明書4項に関する資料）

3

（別紙）

【保佐，補助用】

> この目録は，後見開始の申立ての場合には提出する必要はありません。

【令和3年4月版】

代 理 行 為 目 録

※　下記の行為のうち，必要な代理行為に限り，該当する部分の口にチェック又は必要な事項を記載してください（包括的な代理権の付与は認められません。）。

※　内容は，本人の同意を踏まえた上で，最終的に家庭裁判所が判断します。

1　財産管理関係

(1)　不動産関係

- □　① 本人の不動産に関する〔□ 売却　□ 担保権設定　□ 賃貸　□ 警備　□＿＿＿＿＿〕契約の締結，更新，変更及び解除
- □　② 他人の不動産に関する〔□ 購入　□ 借地　□ 借家〕契約の締結，更新，変更及び解除
- □　③ 住居等の〔□ 新築　□ 増改築　□ 修繕（樹木の伐採等を含む。）　□ 解体　□＿＿＿＿＿〕に関する請負契約の締結，変更及び解除
- □　④ 本人又は他人の不動産内に存する本人の動産の処分
- □　⑤＿＿＿＿＿

(2)　預貯金等金融関係

- □　① 預貯金及び出資金に関する金融機関等との一切の取引（解約（脱退）及び新規口座の開設を含む。）
  - ※　一部の口座に限定した代理権の付与を求める場合には，③に記載してください。
- □　② 預貯金及び出資金以外の…〔□ 貸金庫取引　□ 証券取…　□＿＿＿＿＿〕
- ☑　③ **別紙のとおり**

> 一部の口座に限定した代理権の付与を求める場合
> 別紙には，対象となる口座ごとに，銀行名，支店名，口座番号，口座種別，口座名義，取引の内容等を記載してください。
> （例）
> 預金に関する〇〇銀行〇〇支店の口座（口座番号〇〇〇〇〇〇〇，口座種別〇〇，口座名義〇〇〇〇〇〇〇）との一切の取引（解約（脱退）を含む。）

(3)　保険に関する事項

- □　① 保険契約の締結，変更及び…
- □　② 保険金及び賠償金の請求及び受領

(4)　その他

- ☑　① 以下の収入の受領及びこれに関する諸手続
  - 〔☑ 家賃，地代　☑ 年金・障害手当・生活保護その他の社会保障給付　☑ 臨時給付金その他の公的給付　☑ 配当金　□＿＿＿＿＿〕
- ☑　② 以下の支出及びこれに関する諸手続
  - 〔☑ 家賃，地代　☑ 公共料金　☑ 保険料　☑ ローンの返済金　☑ 管理費等　☑ 公租公課　□＿＿＿＿＿〕
- □　③ 情報通信（携帯電話，インターネット等）に関する契約の締結，変更，解除及び費用の支払
- □　④ 本人の負担している債務に関する弁済合意及び債務の弁済（そのための調査を含む。）
- □　⑤ 本人が現に有する債権の回収（そのための交渉を含む。）
- □　⑥＿＿＿＿＿

1

2　相続関係

※　審判手続, 調停手続及び訴訟手続が必要な方は, 4⑤又は⑥についても検討してください。

- □　①　相続の承認又は放棄
- □　②　贈与又は遺贈の受諾
- ☑　③　遺産分割又は単独相続に関する諸手続
- □　④　遺留分減殺請求又は遺留分侵害額請求に関する諸手続
- □　⑤　_____

3　身上保護関係

- □　①　介護契約その他の福祉サービス契約の締結, 変更, 解除及び費用の支払並びに還付金等の受領
- □　②　介護保険, 要介護認定, 障害支援区分認定, 健康保険等の各申請（各種給付金及び還付金の申請を含む。）及びこれらの認定に関する不服申立て
- □　③　福祉関係施設への入所に関する契約（有料老人ホームの入居契約等を含む。）の締結, 変更, 解除及び費用の支払並びに還付金等の受領
- □　④　医療契約及び病院への入院に関する契約の締結, 変更, 解除及び費用の支払並びに還付金等の受領
- □　⑤　_____

4　その他

- □　①　税金の申告, 納付, 更正, 還付及びこれらに関する諸手続
- □　②　登記・登録の申請
- □　③　個人番号（マイナンバー）に関する諸手続
- □　④　住民票の異動に関する手続
- □　⑤　家事審判手続, 家事調停手続（家事事件手続法24条2項の特別委任事項を含む。）, 訴訟手続（民事訴訟法55条2項の特別委任事項を含む。）, 民事調停手続（非訟事件手続法23条2項の特別委任事項を含む。）及び破産手続（免責手続を含む。）
  ※　保佐人又は補助人が上記各手続について手続代理人又は訴訟代理人となる資格を有する者であるときに限ります。
- □　⑥　⑤の各手続について, 手続代理人又は訴訟代理人となる資格を有する者に委任をすること
- □　⑦　_____

5　関連手続

- ☑　①　以上の各事務の処理に必要な費用の支払
- ☑　②　以上の各事務に関連する一切の事項（戸籍謄抄本・住民票の交付請求, 公的な届出, 手続等を含む。）

2

（別紙）

【補助用】

【令和 3 年 4 月版】

> この目録は，後見開始の申立て，保佐開始の申立ての場合には提出する必要はありません。

同　意　行　為　目　録
（民法 1 3 条 1 項各号所定の行為）

※　下記の行為（日用品の購入その他日常生活に関する行為を除く。）のうち，必要な同意行為に限り，該当する部分の口にチェックを付してください。

※　保佐の場合には，以下の 1 から 1 0 までに記載の事項については，一律に同意権・取消権が付与されますので，同意権付与の申立てをする場合であっても本目録の作成は不要です。

※　内容は，本人の同意を踏まえた上で，最終的に家庭裁判所が判断します。

1　元本の領収又は利用（1号）のうち，以下の行為

- ☐　(1)　預貯金の払戻し
- ☐　(2)　債務弁済の受領
- ☐　(3)　金銭の利息付貸付け

2　借財又は保証（2号）のうち，以下の行為

- ☐　(1)　金銭消費貸借契約の締結
  - ※　貸付けについては 1 (3) 又は 3 (7) を検討してください。
- ☐　(2)　債務保証契約の締結

3　不動産その他重要な財産に関する権利の得喪を目的とする行為（3号）のうち，以下の行為

- ☐　(1)　本人の所有の土地又は建物の売却
- ☐　(2)　本人の所有の土地又は建物についての抵当権の設定
- ☐　(3)　贈与又は寄附行為
- ☐　(4)　商品取引又は証券取引
- ☑　(5)　通信販売（インターネット取引を含む。）又は訪問販売による契約の締結
- ☑　(6)　クレジット契約の締結
- ☐　(7)　金銭の無利息貸付け
- ☐　(8)　その他　※　具体的に記載してください。

4　☐　訴訟行為（4号）

※　相手方の提起した訴え又は上訴に対して応訴するには同意を要しません。

5　☐　贈与，和解又は仲裁合意（5号）

1

6　□　相続の承認若しくは放棄又は遺産分割　（6号）

7　□　贈与の申込みの拒絶，遺贈の放棄，負担付贈与の申込みの承諾又は負担付遺贈の承認　（7号）

8　□　新築，改築，増築又は大修繕　（8号）

9　□　民法602条（短期賃貸借）に定める期間を超える賃貸借　（9号）

10　□　前各号に掲げる行為を制限行為能力者（未成年者，成年被後見人，被保佐人及び民法17条1項の審判を受けた被補助人をいう。）の法定代理人としてすること　（10号）

11　□　その他　※　具体的に記載してください。
　　　※　民法13条1項各号所定の行為の一部である必要があります。

2

【申立事情説明書記載例】名古屋家庭裁判所HPより

【令和3年4月版】

申 立 事 情 説 明 書

※　申立人が記載してください。申立人が記載できないときは、本人の事情をよく理解している方が
記載してください。
※　記入式の質問には、自由に記載してください。選択式の質問には、該当する部分の□にチェック
を付してください。

令和 ○ 年 ○ 月 ○ 日

作成者の氏名　甲野　花子　　　　　　　㊞
（作成者が申立人以外の場合は、本人との関係：＿＿＿＿＿＿＿＿）

作成者（申立人を含む。）の住所
☑　申立書の申立人欄記載のとおり
□　次のとおり
　　〒＿＿＿－＿＿＿＿
　　住所：＿＿＿＿＿＿＿＿＿＿＿＿＿＿＿＿＿＿＿＿＿＿＿

裁判所からの電話での連絡について
平日（午前9時～午後5時）の連絡先：電話　○○○　（　○○○○　）　○○○○
（☑携帯・□自宅・□勤務先）

・　裁判所名で電話することに支障がありますか。　☑電話してもよい　□支障がある
・　裁判所から連絡するに当たり留意すべきこと（電話することに支障がある時間帯等）があれ
ば記載してください。
　　　　　　特になし

【本人の状況について】
1　本人の生活場所について
（1）　現在の生活場所について
□　自宅又は親族宅
　　同居者　→　□　なし（1人暮らし）
　　　　　　　　□　あり・※　同居している方の氏名・本人との続柄を記載してください。
　　　　　　　　　　（氏名：＿＿＿＿＿＿＿＿＿　本人との続柄：＿＿＿＿＿）
　　　　　　　　　　（氏名：＿＿＿＿＿＿＿＿＿　本人との続柄：＿＿＿＿＿）
　　　　　　　　　　（氏名：＿＿＿＿＿＿＿＿＿　本人との続柄：＿＿＿＿＿）
　　最寄りの公共交通機関（※　わかる範囲で記載してください。）
　　（電車）最寄りの駅：＿＿＿＿＿＿＿線＿＿＿＿＿駅
　　（バス）最寄りのバス停：＿＿＿＿バス（＿＿＿＿＿行き）＿＿＿＿下車
☑　病院又は施設（入院又は入所の日：昭和　平成　令和　○ 年 ○ 月 ○ 日）
　　名　　称：　○○病院
　　所在地：〒○○○－○○○○
　　　　　　○○県○○市○○町○丁目○番○号
　　担当職員：氏名：　○○　○○　　　　役職：　○○○○
　　連絡先：電話　○○（○○○○）○○○○

1

最寄りの公共交通機関（※　わかる範囲で記載してください。）
　（電車）最寄りの駅：＿＿**○○○**＿＿線＿＿**○○○**＿＿駅
　（バス）最寄りのバス停：＿＿＿＿＿＿バス（＿＿＿＿＿行き）＿＿＿＿＿下車

(2)　転居，施設への入所や転院などの予定について
　　　※　申立後に転居・入所・転院した場合には，速やかに家庭裁判所までお知らせください。
　　☑　予定はない。
　　□　予定がある。（□　転居　　□　施設への入所　　□　転院）
　　　　時期：令和＿＿年＿＿月頃
　　　　施設・病院等の名称：＿＿＿＿＿＿＿＿＿＿
　　　　転居先，施設・病院等の所在地：〒＿＿＿－＿＿＿＿

2　本人の略歴（家族関係（結婚，出産など）及び最終学歴・主な職歴）をわかる範囲で記載してください。

年　月	家族関係	年　月	最終学歴・主な職歴
昭○・○	出生	昭○・○	○○学校を卒業
昭○・○	花子と婚姻	昭○・○	○○株式会社に就職
・		平○・○	同退職
・		・	
・		・	

3　本人の病歴（病名，発症時期，通院歴，入院歴）をわかる範囲で記載してください。
　病　　名：＿＿＿＿**認知症**＿＿＿＿
　発症時期：**平成 ○ 年　○ 月頃**
　通 院 歴：＿＿＿年＿＿月頃 ～ ＿＿年＿＿月頃
　入 院 歴：**平成 ○ 年　○ 月頃** ～ ＿＿年＿＿月頃

　病　　名：＿＿＿＿＿＿＿＿＿
　発症時期：＿＿＿年＿＿月頃
　通 院 歴：＿＿＿年＿＿月頃 ～ ＿＿年＿＿月頃
　入 院 歴：＿＿＿年＿＿月頃 ～ ＿＿年＿＿月頃

4　福祉に関する認定の有無等について
　　　※　当てはまる数字を○で囲んでください。
　　☑　介護認定　（認定日：**平成 ○ 年　○ 月**）
　　　　□　要支援（1・2）　　☑　要介護（1・2・③・4・5）
　　　　□　非該当　　　　　　□　認定手続中

☐ 障害支援区分（認定日：＿＿＿＿年＿＿＿＿月）
　☐ 区分（1・2・3・4・5・6）　　☐ 非該当　☐ 認定手続中
☐ 療育手帳（愛の手帳など）　　（手帳の名称：＿＿＿＿＿＿＿＿）（判定：＿＿＿＿＿＿）
☐ 精神障害者保健福祉手帳　（1・2・3 級）
☐ 身体障害者手帳　　　　　（1・2・3・4・5・6 級）
☐ いずれもない。

5　本人の日常・社会生活の状況について

☑ 本人情報シート写しを提出する。

※ **以下の(1)から(6)までの記載は不要です。**

┌──────────────────────┐
│ **以下の(1)から(6)までは，本人情報** │
│ **シート写しを提出しない場合の記載** │
│ **例です。** │
└──────────────────────┘

☐ 本人情報シート写しを提出しない。

※ **以下の(1)から(6)までについて，わかる範囲で記載してください。**

(1)　身体機能・生活機能について

　ア　食事，入浴，着替え，移動等の日常生活に関する支援の要否を記載してください。なお，自宅改修や福祉器具等を利用することで他者の支援なく日常生活を営むことができている場合には，「支援の必要はない。」にチェックを付してください。

　　☐ 支援の必要はない。
　　☑ 一部について支援が必要である。
　　※ 必要な支援について具体的に記載してください。

入浴や着替えについては介助が必要である。

　　☐ 全面的に支援が必要である。

　イ　今後，支援等に関する体制の変更や追加的対応が必要な場合は，その内容等を記載してください。

本人が退院した場合，私も病気がちであることから，本人との同居は難しく，老人ホームの
入所を検討したい。

(2)　認知機能について

　日によって変動することがあるか：☑ あり　☐ なし

　※ 「あり」の場合は，良い状態を念頭に以下のアからエまでにチェックを付してください。

　ア　日常的な行為に関する意思の伝達について

　　※ 「日常的な行為」は，食事，入浴等の日課や来訪する福祉サービス提供者への対応など，普段の本人の生活環境の中で行われるものを想定してください。

　　☐ 意思を他者に伝達できる。
　　　　（日常生活上問題ない程度に自らの意思を伝達できる。）
　　☑ 伝達できない場合がある。
　　　　（正確な意思を伝えることができずに日常生活上問題を生じることがある。）
　　☐ ほとんど伝達できない。
　　　　（空腹である，眠いなどごく単純な意思は伝えることはできるが，それ以外の意思については伝えることができない。）
　　☐ できない。
　　　　（ごく単純な意思も伝えることができない。）

3

イ　日常的な行為に関する理解について
  □　理解できる。
  　　（起床・就寝の時刻や，食事の内容等について回答することができる。）
  ☑　理解できない場合がある。
  　　（上記の点について，回答できるときとできないときがある。）
  □　ほとんど理解できない。
  　　（上記の点について，回答できないことが多い。）
  □　理解できない。
  　　（上記の点について，基本的に回答することができない。）

ウ　日常的な行為に関する短期的な記憶について
  □　記憶できる。
  　　（直前にしていたことや示したものなどを正しく回答できる。）
  ☑　記憶していない場合がある。
  　　（上記の点について，回答できるときとできないときがある。）
  □　ほとんど記憶できない。
  　　（上記の点について，回答できないことが多い。）
  □　記憶できない。
  　　（上記の点について，基本的に回答することができない。）

エ　本人が家族等を認識できているかについて
  □　正しく認識している。
  　　（日常的に顔を合わせていない家族又は友人等についても会えば正しく認識できる。）
  ☑　認識できていないところがある。
  　　（日常的に顔を合わせている家族又は友人等は基本的に認識できるが，それ以外は難しい。）
  □　ほとんど認識できていない。
  　　（日常的に顔を合わせている家族又は友人等と会っても認識できないことが多い。）
  □　認識できていない。
  　　（日常的に顔を合わせている家族又は友人・知人と会っても基本的に認識できない。）

(3)　日常・社会生活上支障となる行動障害について
  ※　「行動障害」とは，外出すると戻れない，物を壊す，大声を出すなど，社会生活上，場面や目的からみて不適当な行動のことをいいます。
  □　支障となる行動はない。　　　□　支障となる行動はほとんどない。
  ☑　支障となる行動がときどきある。　□　支障となる行動がある。
  ※　支障となる行動の具体的内容及び頻度等を記載するとともに，当該行動について支援が必要な場合は，その支援の具体的内容を併せて記載してください。
  病院内の自室やトイレの場所がわからず困惑することがあるので，誘導が必要となる。

4

(4) 社会・地域との交流頻度について
　　ア　家族・友人との交流，介護サービスの利用，買い物，趣味活動等によって，本人が日常的
　　　にどの程度，社会・地域と接点を有しているかについて，その交流する頻度を回答してくだ
　　　さい。
　　　　☑ 週1回以上　　　□ 月1回以上　　　□ 月1回未満

　　イ　交流内容について具体的に記載してください。
　　　週に1回以上は家族が入院先へお見舞いに行って本人と話をしている。
_____

(5) 日常の意思決定について
　　※　「日常の意思決定」とは，毎日の暮らしにおける活動に関する意思決定のことをいいます。
　　□ できる。
　　　　（毎日の暮らしにおける活動に関して，あらゆる場面で意思決定できる。）
　　☑ 特別な場合を除いてできる。
　　　　（テレビ番組や献立，服の選択等については意思決定できるが，治療方針等や居住環境
　　　　の変更の決定は指示・支援を必要とする。）
　　□ 日常的に困難である。
　　　　（テレビ番組や献立，服の選択等についてであれば意思決定できることがある。）
　　□ できない。
　　　　（意思決定が全くできない，あるいは意思決定できるかどうか分からない。）

(6) 金銭の管理について
　　※　「金銭の管理」とは，所持金の支出入の把握，管理，計算等を指します。
　　□ 本人が管理している。
　　　　（多額の財産や有価証券等についても，本人が全て管理している。）
　　□ 親族又は第三者の支援を受けて本人が管理している。
　　　　（通帳を預かってもらいながら，本人が自らの生活費等を管理している。）
　　→支援者（氏名：＿＿＿＿＿＿＿＿　本人との関係：＿＿＿＿＿＿＿）
　　　支援の内容（＿＿＿＿＿＿＿＿＿＿＿＿＿＿＿＿＿＿＿＿＿＿）
　　☑ 親族又は第三者が管理している。
　　　　（本人の日々の生活費も含めて第三者等が支払等をして管理している。）
　　→管理者（氏名：　**甲野　花子**　本人との関係：　**妻**　）
　　　管理の内容（**預貯金通帳の管理を含めて，金銭管理は私が行っている。**）

【申立ての事情について】
**1　本人について，これまで家庭裁判所の成年後見制度の手続を利用したり，どなたかとの間で任
　意後見契約を締結したことがありますか。**
　　☑ なし
　　□ あり　→ ＿＿＿＿＿＿年＿＿＿月頃
　　　　　　□ 家庭裁判所の成年後見制度の手続を利用したことがある。
　　　　　　利用した裁判所：＿＿＿＿＿家庭裁判所＿＿＿＿＿支部・出張所
　　　　　　事件番号：＿＿＿＿年（家）第＿＿＿＿号
　　　　　　□ 後見開始　□ 保佐開始　□ 補助開始　□ その他（＿＿＿）
　　　　　　申立人氏名：＿＿＿＿＿＿＿＿

5

　　　□　任意後見契約を締結したことがある。
　　　　　公正証書を作成した公証人の所属：＿＿＿＿＿＿法務局
　　　　　証書番号：＿＿＿＿＿年第＿＿＿＿＿＿号
　　　　　証書作成年月日：＿＿＿＿年＿＿＿月＿＿＿日
　　　　　登記番号：第＿＿＿＿＿－＿＿＿＿＿号
　　　　　任意後見受任者氏名：＿＿＿＿＿＿＿＿＿＿

2　本人には，今回の手続をすることを知らせていますか。
　※　**本人が申立人の場合は記載不要です。**
　□　申立てをすることを説明しており，知っている。
　　　　申立てについての本人の意見　　　　□　賛成　　□　反対　　□　不明
　　　　後見人等候補者についての本人の意見　□　賛成　　□　反対　　□　不明
　☑　申立てをすることを説明したが，理解できていない。
　□　申立てをすることを説明しておらず，知らない。
　☑　その他（　**本人にはできる限りわかりやすい言葉や図による説明を複数回行ったが，その都度，
　　　新しい説明を聞くという印象で，説明を理解することは難しいと感じられた。** ）

3　本人の推定相続人について
(1)　本人の推定相続人について氏名，住所等をわかる範囲で記載してください。
　※　欄が不足する場合は，別紙★に記載してください。★Ａ４サイズの用紙をご自分で準備してください。
　※　推定相続人とは，仮に本人が亡くなられた場合に相続人となる方々です。具体的には，「親族の
　　　意見書について」の 2 をご参照ください。
　※　「意見 1」欄にはこの申立てに関するその方の意見について，「意見 2」欄には後見人等候補者
　　　に関するその方の意見について，該当する部分の□にそれぞれチェックを付してください。（「一任」
　　　とは，家庭裁判所の判断に委ねることを指します。）

氏　　　名	年齢	続柄	住　　　所	意見 1	意見 2
甲野　花子	○○	妻	〒 **申立書に記載のとおり** □　親族の意見書記載のとおり □　本人と同じ	☑　賛成 □　反対 □　一任 □　不明	☑　賛成 □　反対 □　一任 □　不明
甲野　夏男	○○	子	〒 **同上** □　親族の意見書記載のとおり □　本人と同じ	☑　賛成 □　反対 □　一任 □　不明	☑　賛成 □　反対 □　一任 □　不明
甲野　冬子	○○	子	〒 ☑　親族の意見書記載のとおり □　本人と同じ	☑　賛成 □　反対 □　一任 □　不明	☑　賛成 □　反対 □　一任 □　不明
甲野　良男	○○	孫	〒 ☑　親族の意見書記載のとおり □　本人と同じ	☑　賛成 □　反対 □　一任 □　不明	☑　賛成 □　反対 □　一任 □　不明
甲野　良子	○○	孫	〒 ☑　親族の意見書記載のとおり □　本人と同じ	☑　賛成 □　反対 □　一任 □　不明	☑　賛成 □　反対 □　一任 □　不明
			〒 □　親族の意見書記載のとおり □　本人と同じ	□　賛成 □　反対 □　一任 □　不明	□　賛成 □　反対 □　一任 □　不明

6

			〒	□ 賛成	□ 賛成
				□ 反対	□ 反対
			□ 親族の意見書記載のとおり	□ 一任	□ 一任
			□ 本人と同じ	□ 不明	□ 不明
			〒	□ 賛成	□ 賛成
				□ 反対	□ 反対
			□ 親族の意見書記載のとおり	□ 一任	□ 一任
			□ 本人と同じ	□ 不明	□ 不明

(2) (1)で挙げた方のうち，この申立てに反対の意向を示している方や意向が不明な方，親族の意見書を提出していない方がいる場合には，その方の氏名及びその理由等を具体的に記載してください。

氏　　名	理由等
	□ 親族の意見書記載のとおり
	□ 親族の意見書記載のとおり
	□ 親族の意見書記載のとおり
	□ 親族の意見書記載のとおり
	□ 親族の意見書記載のとおり

4 本人に関し何らかの相談をし又は何らかの援助を受けた福祉機関があれば，チェックを付して，その名称を記載してください。
　　□ 地域包括支援センター （名称：＿＿＿＿＿＿＿＿＿＿）
　　□ 権利擁護センター　　　（名称：＿＿＿＿＿＿＿＿＿＿）
　　□ 社会福祉協議会　　　　（名称：＿＿＿＿＿＿＿＿＿＿）
　　□ その他　　　　　　　　（名称：＿＿＿＿＿＿＿＿＿＿）
　　☑ 相談をし又は援助を受けた福祉機関はない。

5 成年後見人等候補者がいる場合は，その方が後見人等にふさわしい理由を記載してください。また，家庭裁判所に一任する（家庭裁判所の判断に委ねる）場合には，その理由や事情（例：近隣に候補者となる親族がいないなど）を記載してください。
※ 家庭裁判所の判断により，候補者以外の方を成年後見人等に選任する場合があります。
　　　　私たち夫婦と〇年前から同居し，本人が入院してからも病院との連絡は候補者が行っており，本人の状況について一番詳しいため。

7

6　家庭裁判所まで本人が来ることは可能ですか。
　☑　可能である。
　□　不可能又は困難である。
　　　理由：_____

7　本人に申立ての事情等をお伺いする場合の留意点（本人の精神面に関し配慮すべき事項等）が
あれば記載してください。
　　　日程調整については，本人の入院先の担当〇〇さん（電話番号〇〇－〇〇〇〇－〇〇〇〇）
　　　に連絡してください。_____
　　　_____
　　　_____

8

【親族関係図記載例】 名古屋家庭裁判所HPより

【令和3年4月版】

親 族 関 係 図

※ **申立人や成年後見人等候補者が本人と親族関係にある場合には，申立人や
成年後見人等候補者について必ず記載してください。**

※ **本人の推定相続人その他の親族については，わかる範囲で記載してください。**
（推定相続人とは，仮に本人が亡くなられた場合に相続人となる方々です。
具体的には，「親族の意見書について」の2をご参照ください。）

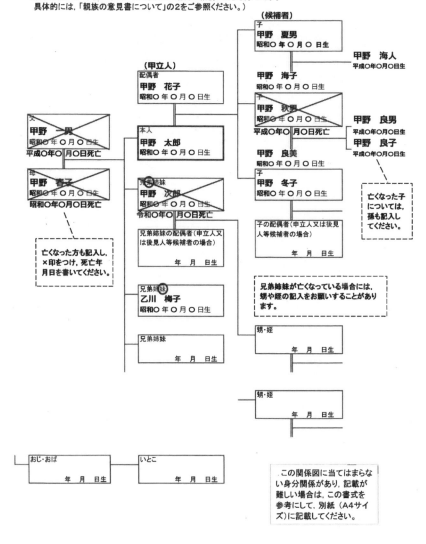

【親族の意見書記載例】 名古屋家庭裁判所HPより

【令和3年4月版】

親 族 の 意 見 書 の 記 載 例

後見開始・保佐開始・補助開始の手続では，本人（援助を必要とされている方）の親族の方の御意見も参考にして，本人に後見・保佐・補助を開始することや成年後見人・保佐人・補助人（本人の援助を行う方）として誰が適任なのかを判断します。

【例】 本人の親族である甲野冬子さん（続柄：本人の長女）が，本人甲野太郎さんの成年後見人（保佐人・補助人）として，候補者である甲野夏男さんがふさわしいとお考えになった場合は，以下のような記載になります。

親 族 の 意 見 書

1 私は，本人（氏名： 甲野 太郎 ）の（続柄： 長女 ）です。

2 本人について後見（保佐・補助）を開始することに関する私の意見は以下のとおりです。

☑ 賛成である。

□ 家庭裁判所の判断に委ねる。

□ 反対である。
　【反対の理由】
　□ 後見（保佐・補助）を開始するほど判断能力は低下していない。

　□ 理由は次のとおりである。※ 書ききれない場合には別紙（A4サイズの用紙をご自分で準備してください。）を利用してください。

---

3 本人の成年後見人（保佐人・補助人）の選任に関する私の意見は以下のとおりです。

　候補者（氏名： 甲野 夏男 ）が選任されることについて
　（候補者がいない場合には，家庭裁判所が選ぶ第三者が選任されることについて）
　※ 候補者氏名については申立人が記入してください。

☑ 賛成である。

□ 家庭裁判所の判断に委ねる。

□ 反対である。又は意見がある。
　理由は次のとおりである。※ 書ききれない場合には別紙（A4サイズの用紙をご自分で準備してください。）を利用してください。

令和 ○ 年 ○ 月 ○ 日

（〒○○○-○○○○）

住 所 　○○県○○市○○町○○番○○号

氏 名 　甲野 冬子 　　㊞

平日（午前9時～午後5時）の連絡先：電話 ○○○ （○○○○） ○○○○
　　　　　　　　　　　　　　　　　　　（☑携帯 □自宅 □勤務先）

【後見人等候補者事情説明書記載例】名古屋家庭裁判所HPより

【令和3年4月版】

後見人等候補者事情説明書

※　候補者の方が記載してください。
※　候補者の方がいない場合には提出は不要です。
※　記入式の質問には，自由に記入してください。選択式の質問には，該当する部分の□にチェックを付してください。

令和 〇 年 〇 月 〇 日

候補者の氏名　　**甲 野　夏 男**　　　　㊞

候補者の住所
☑　申立書の成年後見人等候補者欄に記載のとおり
□　次のとおり
　　〒＿＿＿＿－＿＿＿＿＿
　　住所：＿＿＿＿＿＿＿＿＿＿＿＿＿＿＿＿＿＿＿＿＿＿＿＿＿＿＿

裁判所からの電話での連絡について
　　平日（午前9時～午後5時）の連絡先：電話　　〇〇〇　（〇〇〇〇）　〇〇〇〇
　　　　　　　　　　　　　　　　　　　　　　　（☑携帯・□自宅・□勤務先）

・　裁判所名で電話することに支障がありますか。　　☑電話してもよい・□支障がある
・　裁判所から連絡するに当たり留意すべきこと（電話することに支障がある時間帯等）があれば記載してください。
　　　　特になし　　　　　　　　　　　　　　　　　　　　　　　　　　　　　　＿

1　あなたの現在の生活状況，健康状態，経歴など（法人が候補者の場合には記載不要です。）
　(1)　職業
　　　（職種：＿＿＿＿**会社員**＿＿＿＿　勤務先名：＿＿＿**〇〇株式会社**＿＿＿＿）

　(2)　あなたと同居している方を記載してください。
　　　　□　同居者なし
　　　　☑　同居者あり　※　同居している方の氏名・年齢・あなたとの続柄を記載してください。
　　　　　　（氏名：＿**甲野　花子**＿　年齢：＿**〇〇**＿　あなたとの続柄：＿**母**＿）
　　　　　　（氏名：＿**甲野　海子**＿　年齢：＿**〇〇**＿　あなたとの続柄：＿**妻**＿）
　　　　　　（氏名：＿**甲野　海人**＿　年齢：＿**〇〇**＿　あなたとの続柄：＿**長男**＿）
　　　　　　（氏名：＿＿＿＿＿＿＿　年齢：＿＿＿＿　あなたとの続柄：＿＿＿＿＿）

　(3)　収入等
　　　収入（年収）（＿＿＿**〇〇〇万**＿＿＿円）
　　　資産
　　　□　不　動　産

1

☑　預　貯　金（＿＿＿○○○万＿＿＿円）
□　有 価 証 券
□　そ　の　他（内容：＿＿＿＿＿＿＿＿＿＿＿＿＿＿＿＿＿）
負債（借金）
□　住 宅 ローン（＿＿＿＿＿＿＿＿円）
☑　自動車ローン（＿＿○○万＿＿円）
□　消 費 者 金 融（＿＿＿＿＿＿円）
□　そ　の　他（内容：＿＿＿＿＿＿）（金額：＿＿＿＿＿＿円）

(4)　あなたとともに生計を立てている方がいる場合又はあなた以外の方の収入で生計を立て
ている場合には、その方の続柄と収入を記載してください。
あなたとの続柄（＿妻＿）・収入（年収）（＿＿○○○万＿＿円）

(5)　あなたの現在の健康状態（差し支えない範囲で記載してください。）
☑　健康体である。
□　具合が悪い。（具体的な症状：＿＿＿＿＿＿＿＿＿＿＿＿）
□　通院治療中である。
（傷病名：＿＿＿＿　通院の頻度：＿＿か月に＿＿回程度）

(6)　あなたの経歴（最終学歴・主な職歴）について書いてください（差し支えない範囲で記
載してください。）

年　月	経　歴	年　月	経　歴
平○・○	○○学校を卒業	・	
平○・○	○○株式会社に就職	・	
・		・	
・		・	
・		・	

2　あなたは，次のいずれかに該当しますか。
□　次の事項に該当する。
　□　未成年者である。
　□　家庭裁判所で成年後見人，保佐人，補助人等を解任されたことがある。
　□　破産手続開始決定を受けたが，免責許可決定を受けていないなどで復権していない。
　□　現在，本人との間で訴訟をしている又は過去に訴訟をした。
　□　あなたの〔□ 配偶者　□ 親　□ 子〕が，現在，本人との間で訴訟をしている又は過
去に訴訟をした。
☑　いずれにも該当しない。

2

3　あなたと本人との日常の交流状況（同居の有無，家計状況，面会頻度，介護，援助，事務等）

　(1)　本人との関係　☑ 本人の親族（続柄：＿＿**子**＿＿）　□ その他（＿＿＿＿＿＿＿＿）

　(2)　本人との同居の有無
　　　　現在，本人と　□ 同居中である。(同居を開始した時期＿＿＿＿＿年＿＿月〜)
　　　　　　　　　　　☑ 別居中である。

　(3)　本人との家計の状況
　　　　現在，本人と　□ 家計が同一である。　☑ 家計は別である。

　(4)　※　本人と別居中である方のみ回答してください。
　　　　本人との面会の状況　☑ 月に（**4**）回程度　　□ 2〜3か月に1回程度
　　　　　　　　　　　　　　□ 半年に1回程度　　　□ 年に1回程度
　　　　　　　　　　　　　　□ ほとんど会っていない　□ その他（＿＿＿＿＿＿＿＿）

　(5)　あなたが本人のために介護や援助など行っていることがあれば記載してください。
　　　　本人が入院してから入院先の病院と連絡を取っており，週1回，面会に行っている。
　　　　＿＿＿＿＿＿＿＿＿＿＿＿＿＿＿＿＿＿＿＿＿＿＿＿＿＿＿＿＿＿＿＿＿＿＿＿＿

4　あなたと本人との間で，金銭の貸借，担保提供，保証，立替えを行っている関係がありますか。

　・　金銭貸借　☑ なし □ あり（具体的な金額，内容＿＿＿＿＿＿＿＿＿＿＿＿＿＿）
　・　担保提供　☑ なし □ あり（具体的な金額，内容＿＿＿＿＿＿＿＿＿＿＿＿＿＿）
　・　保証　　　☑ なし □ あり（具体的な金額，内容＿＿＿＿＿＿＿＿＿＿＿＿＿＿）
　・　立替払　　☑ なし □ あり（具体的な金額，内容＿＿＿＿＿＿＿＿＿＿＿＿＿＿）
　※　あなたが立て替えた金銭が「あり」の場合，本人に返済を求める意思がありますか。
　　　□ 返済を求める意思はない。　□ 返済を求める意思がある。

　※　「あり」に該当する項目がある場合は，関係書類（借用書，担保権設定契約書，保証に関
　する書類，領収書，立替払を示す領収書・出納帳等）のコピーを添付してください。

5　あなたが候補者となった経緯や事情を記載してください。

　　　　〇年前から本人を含む両親と二世帯住宅で同居して面倒を看てきており，本人が入院し

　　　てからも前述のとおり入院先の病院と連絡を取るなど，本人の状況を把握していることか

　　　ら，私が候補者となった。

6　本人の財産管理と身上保護（療養看護）に関する今後の方針，計画
　□ 現状を維持する（本人の財産状況，身上保護状況が変化する見込みはない。）。
　☑ 以下のとおり，**財産状況**が変化する見込みである。
　　　（大きな収支の変動，多額の入金の予定など，具体的な内容を記載してください。）
　　　　本人の弟である甲野次郎が令和〇年〇月に亡くなり，遺産分割手続が行われる予定で，財

　　　産を取得する可能性がある。

3

☑ 以下のとおり，**身上保護（療養看護）**の状況が変化する見込みである。
（必要となる医療や福祉サービス，身の回りの世話など，具体的な内容を記載してください。）

本人が退院した場合，申立人の体調を考えると同居は難しいので，将来的には老人ホーム

の入所を検討したい。

7　成年後見人・保佐人・補助人の選任の手続について

成年後見人・保佐人・補助人の選任の手続について，次のことを理解していますか。理解している事項の□にチェックを付してください。

☑　家庭裁判所が，あなた以外の人を成年後見人・保佐人・補助人に選任する場合があること。

☑　あなたを成年後見人・保佐人・補助人に選任するとともに成年後見監督人・保佐監督人・補助監督人を選任する場合があること。

☑　誰を成年後見人・保佐人・補助人に選任するかという家庭裁判所の判断については，不服の申立てができないこと。

8　成年後見人・保佐人・補助人の役割及び責任について

(1) 家庭裁判所に備え付けているDVD，裁判所ウェブサイトの後見ポータルサイト又はその他の説明資料をご覧になるなどして，成年後見人・保佐人・補助人の役割や責任を理解していますか。

☑　理解している。

□　理解できないところがある。又は疑問点がある。
（理解できないところや疑問点について記載してください。）

_____

□　理解できていない。
→　家庭裁判所に備え付けているDVD，裁判所ウェブサイトの後見ポータルサイト又はその他の説明資料などで，成年後見人・保佐人・補助人の役割や責任について説明していますので，そちらをご覧になってください。

(2) あなたが成年後見人・保佐人・補助人に選任された場合には次のことに同意しますか。

ア　本人の意思を尊重し，本人の心身の状態や生活状況に配慮すること。

イ　本人の財産を本人以外の者のために利用しないこと。また，投資，投機等の運用をしたり，贈与，貸付をしたり，本人に借金や保証（抵当権の設定を含む。）等をさせることがないように誠実に管理すること。

ウ　本人の収支状況を把握し，適切に管理すること。

エ　家庭裁判所の指示に従い，書類の提出や定期的な報告を行うなど，後見等事務の監督を受けること。

☑　全てに同意する。

□　同意できない。又は疑問点がある。
（同意できない理由や疑問点について記載してください。）

_____

4

【財産目録記載例】名古屋家庭裁判所HPより

【令和3年4月版】

財　産　目　録

令和　〇　年　〇　月　〇　日　作成者氏名　**甲野　花子**　㊞

本人（　　**甲野　太郎**　　）の財産の内容は以下のとおりです。

※　以下の1から9までの財産の有無等について該当する□にチェックを付し，その内容を記載してください。

※　以下の1から8までの財産に関する資料がある場合には，「資料」欄の□にチェックを付し，当該資料の写しを添付してください。また，財産目録との対応関係がわかるように，資料の写しには対応する番号を右上に付記してください。（例：財産目録の「**1**預貯金・現金」の「No.**2**」の資料の写しであれば，資料の写しの右上に「**財1－2**」と付記してください。）

※　財産の各記載欄が不足した場合には，この用紙をコピーした上で，「No.」欄の番号を連続するよう付け直してください。

1　預貯金・現金
☑　次のとおり　□　当該財産はない　□　不明

※　「口座種別」欄については，普通預貯金や通常貯金等は「普」，定期預貯金や定額貯金等は「定」の□にチェックを付し，その他の種別は下欄の□にチェックを付し，種別の名称を記載してください。

No.	金融機関の名称	支店名	口座種別	口座番号	最終確認日	残高（円）	管理者	資料
1	〇〇銀行		☑普□定□	10000-12345678	令和〇年〇月〇日	1,468,422	申立人	☑
2	〇〇銀行	〇〇	☑普□定□	1234567	令和〇年〇月〇日	749,860	同上	☑
3	〇〇銀行	〇〇	□普☑定□	2345678	令和〇年〇月〇日	2,000,000	同上	☑
4	〇〇信託銀行	〇〇	□普☑定□	3456789	令和〇年〇月〇日	5,000,000	同上	☑
5			□普□定□					□
6			□普□定□					□
7			□普□定□					□
8			□普□定□					□
9			□普□定□					□
10			□普□定□					□
	現金（預貯金以外で所持している金銭）					0		
	合　　計					9,218,282		

2　有価証券等（株式，投資信託，国債，社債，外貨預金，手形，小切手など）
☑　次のとおり　□　当該財産はない　□　不明

No.	種　類	株式の銘柄，証券会社の名称等	数量，額面金額	評価額（円）	管理者	資料
1	株式	〇〇電気工業	500株	1,000,000	〇〇証券	☑
2	投資信託	〇〇ファンド	200口	2,000,000	〇〇信託銀行	☑
3	国債	利付国債（〇年）第〇〇回	100万円	1,000,000	〇〇証券	☑
4						□
5						□
	合　　計			4,000,000		

1

3　生命保険，損害保険等（本人が契約者又は受取人になっているもの）
☑　次のとおり　□　当該財産はない　□　不明

No.	保険会社の名称	保険の種類	証書番号	保険金額 (受取額)（円）	契約者	受取人	資料
1	○○生命保険 株式会社	生命保険	11-1111	10,000,000	本人	申立人	☑
2	○○損害保険 株式会社	損害保険	222-222	10,000,000	本人	本人	☑
3							□
4							□
5							□

4　不動産（土地）
☑　次のとおり　□　当該財産はない　□　不明

No.	所在	地番	地目	地積（m²）	備考 (現状，持分等)	資料
1	○○市○○町○丁目	○番○	宅地	134.56	自宅	☑
2	○○市○区○丁目	○番○	宅地	120.34	丁川四郎に賃貸中 の建物No.2の敷地	☑
3						□
4						□
5						□

5　不動産（建物）
☑　次のとおり　□　当該財産はない　□　不明

No.	所在	家屋番号	種類	床面積（m²）	備考 (現状，持分等)	資料
1	○○市○○町○丁目○番地○	○番○の○	居宅	1階 100.20 2階 90.50	自宅	☑
2	○○市○区○丁目○番地○	○番○	居宅	1階 92.90 2階 60.20	丁川四郎に賃貸中	☑
3						□
4						□
5						□

6　債権（貸付金，損害賠償金など）
☑　次のとおり　□　当該財産はない　□　不明

No.	債務者名（請求先）	債権の内容	残額（円）	備考	資料
1	丙山　三郎	平成○年○月○日 1,200,000円貸付	600,000	預貯金No.1の通帳に毎月末日 10,000円振込	□
2					□
3					□
4					□
5					□
	合　計		600,000		

2

7　その他（自動車など）
　　□　次のとおり　☑　当該財産はない　□　不明

No.	種類	内容	評価額（円）	備考	資料
1					□
2					□
3					□
4					□
5					□

8　負債
　　☑　次のとおり　□　負債はない　□　不明

No.	債権者名（支払先）	負債の内容	残額（円）	返済月額（円）	資料
1	○○銀行○○支店	住宅ローン	1,000,000	預貯金No.1の通帳から毎月30,000円引落し	☑
2					□
3					□
4					□
5					□
	合　　計		1,000,000		

9　遺産分割未了の相続財産（本人が相続人となっている遺産）
　　☑　相続財産がある（相続財産目録を作成して提出してください。）
　　□　相続財産はない（相続財産目録は作成する必要はありません。）
　　□　不明　　　　　（相続財産目録は作成する必要はありません。）

3

【相続財産目録記載例】 名古屋家庭裁判所HPより

【令和3年4月版】

相 続 財 産 目 録

令和 ○ 年 ○ 月 ○ 日　　作成者氏名　**甲野 花子**　㊞

本人（　**甲野 太郎**　）が相続人となっている相続財産の内容は以下のとおりです。

※　本人が相続人となっている遺産分割未了の相続財産がある場合にのみ提出してください。

※　被相続人（亡くなられた方）が複数いる場合には，この目録をコピーするなどして，被相続人ごとにこの目録を作成してください。

※　以下の相続財産の有無等について該当する□にチェックを付し，その内容を記載してください。

※　以下の相続財産に関する資料がある場合には，「資料」欄の□にチェックを付し，当該資料の写しを添付してください。また，相続財産目録との対応関係がわかるように，資料の写しには対応する番号を右上に付してください。（例：相続財産目録の「**1預貯金・現金**」の「No. **2**」の資料の写しであれば，資料の写しの右上に「**相1-2**」と付記してください。）

※　相続財産の各記載欄が不足した場合には，この用紙をコピーした上で，「No.」欄の番号を連続するよう付け直してください。

被相続人の氏名	（　**甲野 次郎**　）
本人との続柄	（本人の___**弟**___）
被相続人が亡くなられた日	（□ 平成・☑ 令和 ○年○月○日）
本人の法定相続分	（___**2**___分の___**1**___）
遺言書	（□ あり　☑ なし　□ 不明）

1　預貯金・現金
☑　次のとおり　　□　当該財産はない　　□　不明

※　「口座種別」欄については，普通預貯金や通常貯金等は「普」，定期預貯金や定額貯金等は「定」の□にチェックを付し，その他の種別は下欄の□にチェックを付し，種別の名称を記載してください。

No.	金融機関の名称	支店名	口座種別	口座番号	最終確認日	残高（円）	管理者	資料
1	**○○銀行**	**○○**	☑普□定 □	**4567891**	令和○年○月○日	**561,234**	**乙川梅子**	☑
2	**○○銀行**	**○○**	□普☑定 □	**5678912**	令和○年○月○日	**4,000,000**	**乙川梅子**	☑
3			□普□定 □					□
4			□普□定 □					□
5			□普□定 □					□
6			□普□定 □					□
7			□普□定 □					□
8			□普□定 □					□
9			□普□定 □					□
10			□普□定 □					□
	現金（預貯金以外で所持している金銭）					**0**		
	合　計					**4,561,234**		

1

2　有価証券等（株式，投資信託，国債，社債，外貨預金，手形，小切手など）
□　次のとおり　☑　当該財産はない　□　不明

No.	種　類	株式の銘柄，証券会社の名称等	数量，額面金額	評価額（円）	管理者	資料
1						□
2						□
3						□
4						□
5						□
合　　計						

3　生命保険，損害保険等（被相続人が受取人になっているもの）
□　次のとおり　☑　当該財産はない　□　不明

No.	保険会社の名称	保険の種類	証書番号	保険金額（受取額）（円）	契約者	資料
1						□
2						□
3						□
4						□
5						□

4　不動産（土地）
☑　次のとおり　□　当該財産はない　□　不明

No.	所　在	地番	地　目	地積（㎡）	備考（現状，持分等）	資料
1	○○市○○町○丁目	○○番	宅地	123.45	更地	☑
2						□
3						□
4						□
5						□

5　不動産（建物）
□　次のとおり　☑　当該財産はない　□　不明

No.	所　在	家屋番号	種　類	床面積（㎡）	備考（現状，持分等）	資料
1						□
2						□
3						□
4						□
5						□

2

6　債権（貸付金，損害賠償金など）
□　次のとおり　☑　当該財産はない　□　不明

No.	債務者名（請求先）	債権の内容	残額（円）	備考	資料
1					□
2					□
3					□
4					□
5					□
合　計					

7　その他（自動車など）
□　次のとおり　☑　当該財産はない　□　不明

No.	種類	内容	評価額（円）	備考	資料
1					□
2					□
3					□
4					□
5					□

8　負債
□　次のとおり　☑　負債はない　□　不明

No.	債権者名（支払先）	負債の内容	残額（円）	返済月額（円）	資料
1					□
2					□
3					□
4					□
5					□
合　計					

3

【収支予定表記載例】 名古屋家庭裁判所HPより

収 支 予 定 表

【令和3年4月版】

令和 ○ 年 ○ 月 ○ 日　　作成者氏名　**甲野 花子**　㊞

本人（　**甲野 太郎**　）の収支予定は以下のとおりです。

※ 以下の収支について記載し，資料がある場合には，「資料」欄の□にチェックを付し，当該資料の写しを添付してください。また，収支予定表との対応関係がわかるように，<u>資料の写しには対応する番号を右上に付してください。</u>（例：<u>**収**</u>支予定表の「<u>**1**</u>本人の定期的な収入」の「No.<u>**2**国民年金</u>」の資料の写しであれば，資料の写しの右上に「<u>**収1−2**</u>」と付記してください。）

※ 収支の各記載欄が不足した場合には，この用紙をコピーした上で，「No.」欄の番号を連続するよう付け直してください。

1 本人の定期的な収入

No.	名称・支給者等	月 額（円）	入金先口座・頻度等	資料
1	厚生年金	150,000	2か月に1回 ☑財産目録預貯金No. 1 の口座に振り込み	☑
2	国民年金（老齢基礎年金）	60,000	2か月に1回 ☑財産目録預貯金No. 1 の口座に振り込み	☑
3	その他の年金（　　　）			□
4	生活保護等（　　　）		2か月ごと，四半期ごと，1年に1回の収入などは月額に按分した金額を記載してください（割り切れない場合には，小数第一位を切り上げて記載してください。）。なお，支出の記載においても同様です。	
5	給与・役員報酬等			
6	賃料収入（家賃，地代等）	80,000	丁川四郎から毎月 ☑財産目録預貯金No. 1 の口座に振り込み	☑
7	貸付金の返済	10,000	丙山三郎から毎月 ☑財産目録預貯金No. 1 の口座に振り込み	☑
8				□
	収入の合計（月額）=	300,000 円	年額（月額×12か月）=	3,600,000 円

2 本人の定期的な支出

No.		品 目	月 額（円）	引落口座・頻度・支払方法等	資料
1	生活費	食費・日用品	10,000	現金払い	☑
2		電気・ガス・水道代等		□財産目録預貯金No. の口座から自動引き落とし	□
3		通信費		□財産目録預貯金No. の口座から自動引き落とし	□
4				□財産目録預貯金No. の口座から自動引き落とし	□
5				□財産目録預貯金No. の口座から自動引き落とし	□
6	療養費	施設費		□財産目録預貯金No. の口座から自動引き落とし	□
7		入院費・医療費・薬代	120,000	毎月20日に現金払い □財産目録預貯金No. の口座から自動引き落とし	☑
8				□財産目録預貯金No. の口座から自動引き落とし	□
9				□財産目録預貯金No. の口座から自動引き落とし	□
10				□財産目録預貯金No. の口座から自動引き落とし	□

1

11	住居費	家賃		□財産目録預貯金No.　の口座から自動引き落とし	☐
12		地代		□財産目録預貯金No.　の口座から自動引き落とし	☐
13				□財産目録預貯金No.　の口座から自動引き落とし	☐
14				□財産目録預貯金No.　の口座から自動引き落とし	☐
15				□財産目録預貯金No.　の口座から自動引き落とし	☐
16	税金	固定資産税	20,000	5月、7月、9月及び12月に ☑財産目録預貯金No. 1 の口座から自動引き落とし	☑
17		所得税	3,000	3月に現金一括払い □財産目録預貯金No.　の口座から自動引き落とし	☑
18		住民税	3,000	6月、8月、10月及び1月に ☑財産目録預貯金No. 1 の口座から自動引き落とし	☑
19				□財産目録預貯金No.　の口座から自動引き落とし	☐
20				□財産目録預貯金No.　の口座から自動引き落とし	☐
21	保険料	国民健康保険料	4,000	☑財産目録預貯金No. 1 の口座から自動引き落とし	☑
22		介護保険料	4,000	☑財産目録預貯金No. 1 の口座から自動引き落とし	☑
23		生命(損害)保険料	8,000	☑財産目録預貯金No. 1 の口座から自動引き落とし	☑
24				□財産目録預貯金No.　の口座から自動引き落とし	☐
25				□財産目録預貯金No.　の口座から自動引き落とし	☐
26	その他	負債の返済	30,000	住宅ローン ☑財産目録預貯金No. 1 の口座から自動引き落とし	☑
27		こづかい		□財産目録預貯金No.　の口座から自動引き落とし	☐
28				□財産目録預貯金No.　の口座から自動引き落とし	☐
29				□財産目録預貯金No.　の口座から自動引き落とし	☐
30				□財産目録預貯金No.　の口座から自動引き落とし	☐
31				□財産目録預貯金No.　の口座から自動引き落とし	☐
32				□財産目録預貯金No.　の口座から自動引き落とし	☐
33				□財産目録預貯金No.　の口座から自動引き落とし	☐
支出の合計(月額)=			202,000 円	年額(月額×12か月)=	2,424,000 円

月額 （収入の合計）-（支出の合計）=⊕-	98,000 円
年額 （収入の合計）-（支出の合計）=⊕-	1,176,000 円

2

6　受理面接

　申立書及び附属書類一式を家庭裁判所に提出すると、その後の審理を円滑に進めるため、原則的に受理面接の場が設けられます。本人、申立人及び法定後見人候補者に加えて、申立書の作成に関与した司法書士や弁護士、本人の身上保護面の事情に詳しいケアマネージャー等も同席することがあります。

　原則的に本人の同席が要求されていることについて、家庭裁判所は、法定後見開始の審判及び法定後見人の選任の審判をする場合（保佐については、同意権の範囲を拡張する審判をする場合も含む。）は、法律上、本人の陳述を聴かなければならないとされています（家事事件手続法120条１項１号・３号、130条１項１号・２号・５号、139条１項１号・４号）。本人が、受理面接を行う家庭裁判所に出頭することができない場合は、面接官が本人の居住する自宅や入所施設に出向いて陳述を聴くことになります。ただし、成年後見の開始の審判及び成年後見人の選任の審判をする場合は、本人が心身の障害により陳述を聴くことができないときは、本人の陳述を聴かずに審判をすることができます（家事事件手続法120条１項但書）。

　面接するのは、家庭裁判所調査官（心理学、社会学、教育学等の行動科学の知見等を活用し、家事事件等について調査を行うことを主な仕事とする裁判所の職員）や参与員（家庭裁判所により国民の中から選ばれ、家事審判事件の手続の際に、提出された書類を閲読したり、その内容について申立人の説明を聴いたりして、裁判官が判断するのに参考となる意見を述べる裁判所の非常勤職員）です。

　面接は、申立書及び附属書類一式の内容の確認、申立ての実情や本人の意見（本人以外の者による補助開始の審判（民法15条２項）、保佐人・補助人に対する代理権付与の審判（民法876条の４第２項、876条の９第２項）、補助人に対する同意権付与の審判（民法17条２項）をする場合の本人の同意の確認を含む。）等を聴き、調査・鑑定・審問の要否を判断する場です。その際に、申立書及び附属書類一式の記載に不備があるときの訂正もその場で行うことになる

ので、訂正印として申立書及び附属書類一式に用いたのと同じ印鑑を持参すると良いでしょう。

7　審　判

　家庭裁判所による一連の審理の結果、選任が相当と判断されると法定後見開始の審判がなされ、それと同時に、法定後見人を選任する審判、保佐人について民法13条1項各号の行為以外の行為に同意権を付与する審判、保佐人・補助人に対する代理権付与の審判、補助人に対する同意権付与の審判等の必要な審判がなされます。

　審判は、本人（成年被後見人となる者を除く。）、申立人及び法定後見人に選任された者に告知されなければなりません（家事事件手続法74条1項、122条3項1号、131条1号・2号・6号、140条1号・2号・6号等。なお、成年被後見人となる本人については、審判を「通知」しなければならないとされています（家事事件手続法122条1項1号）。）。審判は、法律上、告知しなければならないこととされている者全員に審判書が到達した日から2週間（初日不算入）の即時抗告期間の経過により確定し、効力を生じます（家事事件手続法74条2項・4項・5項）。

8　裁判所書記官による登記の嘱託

　審判が確定し、効力を生じた場合、裁判所書記官は、遅滞なく、東京法務局民事行政部後見登録課に対し、登記を嘱託しなければなりません（家事事件手続法116条1号）。

【成年後見類型：複数後見・職務分掌】

(1)　審判書例

令和○　（家）　第○○○○○号　後見開始の審判申立事件

令和○　（家）　第○○○○○号　数人の成年後見人の権限行使の定め事件

審　判

住所　○○県○○市……

　申立人　　A

本籍　○○県○○市……

住所　○○県○○市……　　△△病院

住民票上の住所　　○○県○○市……

　本人　甲

　昭和○○年○月○日生

　当裁判所は、後見開始の審判申立事件について、その申立てを相当と認め、数人の成年後見人の権限行使の定め事件について、職権により、次のとおり審判する。

主　文

1　本人について後見を開始する。

2　本人の成年後見人として、申立人及び次の者をそれぞれ選任する。

　　住所　○○県○○市……

　　氏名　　B（司法書士）

3　成年後見人A及び成年後見人Bは、別紙のとおり事務を分掌してその権限を行使しなければならない。

4　手続費用のうち、申立手数料、後見登記手数料及び送達・送付費用は本人の負担とし、その余は申立人の負担とする。

令和○年○月○日

○○家庭裁判所

裁判官　　○○○○

本書は謄本である。　　　同日於同庁　裁判所書記官　　○○○○　㊞

（別紙）

1　成年後見人Aは、本人の身上監護に関する事務を分掌する。
2　成年後見人Bは、上記1以外の事務を分掌する。

以　　上

(2)　後見登記事項証明書例

登　記　事　項　証　明　書

後　見

後見開始の裁判
　　【裁　判　所】○○家庭裁判所
　　【事件の表示】令和○年（家）第○○○○○号
　　【裁判の確定日】令和○年○月○日
　　【登記年月日】令和○年○月○日
　　【登記番号】第○○○○－○○○○号

成年被後見人
　　【氏　　　名】甲
　　【生年月日】昭和○○年○月○日生
　　【住　　　所】○○県○○市……
　　【本　　　籍】○○県○○市……

成年後見人
　　【氏　　　名】A

【住　　　所】○○県○○市……

【選任の裁判確定日】令和○年○月○日

【登記年月日】令和○年○月○日

【事務の共同・分掌の定めの裁判確定日】令和○年○月○日

【事務の共同・分掌の定め】別紙目録記載のとおり

【登記年月日】令和○年○月○日

成年後見人

【氏　　　名】B

【住　　　所】○○県○○市……

【選任の裁判確定日】令和○年○月○日

【登記年月日】令和○年○月○日

【事務の共同・分掌の定めの裁判確定日】令和○年○月○日

【事務の共同・分掌の定め】別紙目録記載のとおり

【登記年月日】令和○年○月○日

[証明書番号] ○○○○-○○○○-○○○ (1/3)

登　記　事　項　証　明　書（別紙目録）

権限行使の定め目録　　　　　　　　　　　　　　　　　　 後　見

権限行使の定め目録

（別紙）

1　成年後見人Aは、本人の身上監護に関する事務を分掌する。

2　成年後見人Bは、上記1以外の事務を分掌する。

以　　上

登記年月日　令和○年○月○日　　［証明書番号］○○○○－○○○○－○○○　(2/3)

登　記　事　項　証　明　書

後　　見

上記のとおり後見登記等ファイルに記録されていることを証明する。

　令和○年○月○日

　　　　　　○○法務局　登記官　　○○○○　㊞

［証明書番号］○○○○－○○○○－○○○　(3/3)

【保佐類型：代理権付与】

(1)　保佐人についての審判書例

令和○（家）第○○○○○号　保佐開始の審判申立事件

令和○（家）第○○○○○号　代理権付与申立事件

審　判

　住所　○○県○○市……

　　申立人　A

　本籍　○○県○○市……

　住所　○○県○○市……　△△病院

住民票上の住所　〇〇県〇〇市……

　本人　甲

　昭和〇〇年〇月〇日生

　本件について、当裁判所は、その申立てを相当と認め、次のとおり審判する。

主　文

1　本人について保佐を開始する。

2　本人の保佐人として申立人を選任する。

3　本人のために別紙代理行為目録記載の行為について保佐人に代理権を付与する。

4　手続費用のうち、申立手数料、後見登記手数料及び送達・送付費用は本人の負担とし、その余は申立人の負担とする。

令和〇年〇月〇日

〇〇家庭裁判所

裁判官　〇〇〇〇

本書は謄本である。　　　同日於同庁　裁判所書記官　〇〇〇〇　㊞

（別紙）

代　理　行　為　目　録

1　預貯金に関する金融機関との一切の取引（解約、新規口座の開設を含む。）

2　預貯金以外の本人と金融機関との取引（証券取引、信託取引）

3　保険契約の締結、変更、解除及び保険金の請求、受領

4　定期的な収入の受領及びこれに関する諸手続（年金・障害手当金その他の社会保障給付）

5　定期的な支出を要する費用の支払い及びこれに関する諸手続

6　介護契約その他の福祉サービス契約の締結、変更、解除及び費用の支払い

7　要介護認定の申請及び認定に関する不服の申立て

8　福祉関係施設への入所に関する契約（有料老人ホームの入居契約等を含む。）の締結、変更、解除及び費用の支払い

9　医療契約及び病院への入院に関する契約の締結、変更、解除及び費用の支払い

10　行政官庁に対する諸手続（登記の申請、供託の申請、税金の申告及び納付、各種証明書の請求に関する事項等）

11　以上の各事務の処理に必要な費用の支払い

12　以上の各事務に関連する一切の事項

(2)　保佐監督人についての審判書例

令和○（家）第○○○○○号　保佐監督人選任事件

（基本事件　令和○（家）第○○○○○号　保佐開始の審判申立事件）

審　判

本籍　○○県○○市……

住所　○○県○○市……　△△病院

住民票上の住所　○○県○○市……

　被保佐人　甲

　昭和○○年○月○日生

本件について、当裁判所は、職権により、次のとおり審判する。

主　文

1　被保佐人の保佐監督人として次の者を選任する。

```
　　　　　　住　所　○○県○○市……

　　　　　　氏　名　B（司法書士）

　2　手続費用は被保佐人の負担とする。

　　　　　　　　　　　　　令和○年○月○日

　　　　　　　　　　　　　　○○家庭裁判所

　　　　　　　　　　　　　　　　裁判官　○○○○


本書は謄本である。　　　同日於同庁　裁判所書記官　○○○○　㊞
```

(3)　後見登記事項証明書例

登　記　事　項　証　明　書

保　佐

保佐開始の裁判

　【裁　判　所】○○家庭裁判所

　【事件の表示】令和○年（家）第○○○○○号

　【裁判の確定日】令和○年○月○日

　【登記年月日】令和○年○月○日

　【登記番号】第○○○○－○○○○号

被保佐人

　【氏　　　名】甲

　【生年月日】昭和○○年○月○日生

　【住　　　所】○○県○○市……

　【本　　　籍】○○県○○市……

保佐人

　【氏　　　名】A

【住　　所】○○県○○市……

【選任の裁判確定日】令和○年○月○日

【登記年月日】令和○年○月○日

【代理権付与の裁判確定日】令和○年○月○日

【代理権の範囲】別紙目録記載のとおり

【登記年月日】令和○年○月○日

保佐監督人

【氏　　名】B

【住　　所】○○県○○市……

【選任の裁判確定日】令和○年○月○日

【登記年月日】令和○年○月○日

［証明書番号］○○○○－○○○○－○○○　(1/3)

登 記 事 項 証 明 書（別紙目録）

代理行為目録　　　　　　　　　　　　　　　　　　　保　佐

（別紙）

代 理 行 為 目 録

1　預貯金に関する金融機関との一切の取引（解約、新規口座の開設
　を含む。）

2　預貯金以外の本人と金融機関との取引（証券取引、信託取引）

3　保険契約の締結、変更、解除及び保険金の請求、受領

4　定期的な収入の受領及びこれに関する諸手続（年金・障害手当金
　その他の社会保障給付）

5　定期的な支出を要する費用の支払い及びこれに関する諸手続

6　介護契約その他の福祉サービス契約の締結、変更、解除及び費用の支払い

7　要介護認定の申請及び認定に関する不服の申立て

8　福祉関係施設への入所に関する契約（有料老人ホームの入居契約等を含む。）の締結、変更、解除及び費用の支払い

9　医療契約及び病院への入院に関する契約の締結、変更、解除及び費用の支払い

10　行政官庁に対する諸手続（登記の申請、供託の申請、税金の申告及び納付、各種証明書の請求に関する事項等）

11　以上の各事務の処理に必要な費用の支払い

12　以上の各事務に関連する一切の事項

以　　上

登記年月日　令和○年○月○日　［証明書番号］○○○○－○○○○－○○○ (2/3)

登 記 事 項 証 明 書

保　佐

上記のとおり後見登記等ファイルに記録されていることを証明する。

令和○年○月○日

○○法務局　登記官　○○○○　㊞

［証明書番号］○○○○－○○○○－○○○ (3/3)

【補助類型：同意権・代理権付与】

(1)　審判書例

令和○（家）第○○○○○号　補助開始の審判申立事件

令和○（家）第○○○○○号　補助人の同意を要する行為の定めの審判申立事件

令和○（家）第○○○○○号　補助人に対する代理権付与の審判申立事件

審　　判

　　本籍　　○○県○○市……

　　住所　　○○県○○市……

　　　申立人兼本人　　甲

　　　昭和○○年○月○日生

　本件について、当裁判所は、その申立てを相当と認め、次のとおり審判する。

主　　文

1　本人について補助を開始する。

2　本人の補助人として次の者を選任する。

　　　住所　　○○県○○市……

　　　氏名　　A

3　本人は、別紙同意行為目録記載の行為をするにはその補助人の同意を得なければならない。

4　本人のために別紙代理行為目録記載の行為について補助人に代理権を付与する。

5　手続費用は申立人の負担とする。

令和○年○月○日

○○家庭裁判所

裁判官 ○○○○

本書は謄本である。　　同日於同庁　裁判所書記官 ○○○○ 　㊞

（別紙）

同　意　行　為　目　録

1　預貯金の払戻し

2　債務弁済の受領

3　債務保証契約の締結

4　商品取引又は証券取引

5　通信販売（インターネット取引を含む）又は訪問販売による契約の締結

6　クレジット契約の締結

7　贈与、和解又は仲裁合意

以　　上

（別紙）

代　理　行　為　目　録

1　本人の不動産に関する取引（賃貸）

2　預貯金に関する金融機関との一切の取引（解約、新規口座の開設を含む。）

3　保険契約の締結、変更及び解除

4　保険金の請求及び受領

5　定期的な収入の受領及びこれに関する諸手続（年金・障害手当金その他の社会保障給付）

6　定期的な支出を要する費用の支払及びこれに関する諸手続（家賃・地代、公共料金、保険料、ローンの返済金、養育費）

7　介護契約その他の福祉サービス契約の締結、変更、解除及び費用の支払い

8　要介護認定の申請及び認定に関する不服の申立て

9　福祉関係施設への入所に関する契約（有料老人ホームの入居契約等を含む。）の締結、変更、解除及び費用の支払い

10　医療契約及び病院への入院に関する契約の締結、変更、解除及び費用の支払い

11　税金の申告及び納付

12　訴訟行為（民事訴訟法55条2項の特別授権事項を含む。）について、当該行為につき訴訟代理人となる資格を有する者に対し授権をすること

13　以上の各事務の処理に必要な費用の支払い

14　以上の各事務に関連する一切の事項

以　　上

(2)　**後見登記事項証明書例**

登　記　事　項　証　明　書

補　助

補助開始の裁判

　　【裁　判　所】○○家庭裁判所

　　【事件の表示】令和○年（家）第○○○○○号

　　【裁判の確定日】令和○年○月○日

　　【登記年月日】令和○年○月○日

　　【登記番号】第○○○○－○○○○号

被補助人

　　【氏　　　名】甲

　　【生年月日】昭和○○年○月○日生

　　【住　　　所】○○県○○市……

　　【本　　　籍】○○県○○市……

補助人

　　【氏　　　名】A

　　【住　　　所】○○県○○市……

　　【選任の裁判確定日】令和○年○月○日

　　【登記年月日】令和○年○月○日

　　【代理権付与の裁判確定日】令和○年○月○日

　　【代理権の範囲】別紙目録記載のとおり

　　【登記年月日】令和○年○月○日

　　【同意を要する行為の定めの裁判確定日】令和○年○月○日

【同意を要する行為】別紙目録記載のとおり

【登記年月日】令和○年○月○日

[証明書番号] ○○○○－○○○○－○○○ (1/4)

登 記 事 項 証 明 書 （別紙目録）

代理行為目録　　　　　　　　　　　　　　　　　　　　補　助

（別紙）

代 理 行 為 目 録

1　本人の不動産に関する取引（賃貸）

2　預貯金に関する金融機関との一切の取引（解約、新規口座の開設を含む。）

3　保険契約の締結、変更及び解除

4　保険金の請求及び受領

5　定期的な収入の受領及びこれに関する諸手続（年金・障害手当金その他の社会保障給付）

6　定期的な支出を要する費用の支払い及びこれに関する諸手続（家賃・地代、公共料金、保険料、ローンの返済金、養育費）

7　介護契約その他の福祉サービス契約の締結、変更、解除及び費用の支払い

8　要介護認定の申請及び認定に関する不服の申立て

9　福祉関係施設への入所に関する契約（有料老人ホームの入居契約等を含む。）の締結、変更、解除及び費用の支払い

10　医療契約及び病院への入院に関する契約の締結、変更、解除及び費用の支払い

11　税金の申告及び納付

12　訴訟行為（民事訴訟法55条2項の特別授権事項を含む。）につい
　　て、当該行為につき訴訟代理人となる資格を有する者に対し授権を
　　すること

13　以上の各事務の処理に必要な費用の支払い

14　以上の各事務に関連する一切の事項

以　　上

登記年月日　令和○年○月○日　［証明書番号］○○○○-○○○○-○○○　(2/4)

登　記　事　項　証　明　書（別紙目録）

同意行為目録　　　　　　　　　　　　　　　　　　　　　補　助

（別紙）
同　意　行　為　目　録

1　預貯金の払戻し

2　債務弁済の受領

3　債務保証契約の締結

4　商品取引又は証券取引

5　通信販売（インターネット取引を含む）又は訪問販売による契約
　　の締結

6　クレジット契約の締結

7　贈与、和解又は仲裁合意

以　　上

登記年月日　令和○年○月○日　　［証明書番号］○○○○-○○○○-○○○ (3/4)

登　記　事　項　証　明　書

| 補　助 |

上記のとおり後見登記等ファイルに記録されていることを証明する。

　令和○年○月○日

　　　　　　　○○法務局　登記官　○○○○　㊞

　　　　　　　　　　　　　［証明書番号］○○○○-○○○○-○○○ (4/4)

9　法定後見開始審判の相互の調整

　例えば、被保佐人の判断能力が低下して、成年後見類型相当の判断能力の程度となった場合等、本人の判断能力の状況が変化したときは、新たに他の類型の開始審判（例えば、後見開始の審判）がなされ、それまでの審判（例えば、保佐開始の審判）が職権で取り消されます。

10　審判前の保全処分

　法定後見の開始等申立書が家庭裁判所に提出されてから審判がおりるまで約1～3か月程かかります。また、鑑定が行われる場合は、さらに1～2か月程かかります。申立てがなされてから審判が効力を生じるまでの間に、本人の生

命・身体や財産の侵害がなされるおそれがあるようなケースにおいては、審判前の保全処分の申立てを行うことになります。この申立てによって、家庭裁判所は、開始等の審判が認容される蓋然性が高く、保全の必要性があると認める場合に、①財産管理者の選任、②本人の監護に関する指示、③後見命令・保佐命令・補助命令を発することができます。審判前の保全処分は、法定後見人の選任審判が効力を生じるまでの仮の対応なので、法定後見の開始等申立てと同時又はそれ以降、審判の効力が生じる前に限って申し立てることができます。

第**3**章

就任後の実務

第1　就任時報告

1　資料の謄写請求

　後見人及び監督人は、審判が確定すると財産管理及び身上保護についての方針を定め、職務に着手していくことになります。しかし、後見人及び監督人が任意後見監督人選任申立てや法定後見開始等申立てに関与していないと、申立てのなされた経緯や本人の生活状況・健康状態、後見人及び監督人が職務を開始するにあたって連絡をすべき親族等の連絡先、申立時の財産管理者・本人の財産や収支の内容等がわかりません。そこで、後見人及び監督人は、申立時の書類内容を確認する必要があり、家庭裁判所に事件記録の閲覧の請求、又は各地の弁護士協同組合謄写部等に事件記録の謄写請求をし、申立時の書類一式、鑑定書、本人の状況・関係者とのやり取りに関する家庭裁判所調査官の報告書等の内容を確認することになります。

2　後見登記事項証明書の取得

　後見人及び監督人は、自身が後見人及び監督人となったことを外部に証明するために、選任の審判が確定すると後見登記事項証明書を取得することになります。この後見登記事項証明書は、不動産や会社・法人の登記事項証明書と異なり、交付を請求できるのは、本人、その配偶者、四親等内の親族、後見人、任意後見受任者、監督人、本人の相続人等一定の者に限定されています。また、交付窓口も限定されていて、東京法務局民事行政部後見登録課又は他の法務局・地方法務局の戸籍課が請求窓口となります（郵送での請求は、東京法務局民事行政部後見登録課のみとなります。）。

3　後見人・監督人に就任した旨の連絡と届出

　後見人は、選任の審判が確定し、後見登記事項証明書を取得することができ

るようになるタイミングで、本人及び本人の財産管理や身上保護を担っている親族等の支援者との面会、本人の状況の把握や、財産管理権の内容に応じて、登記済権利証・登記識別情報、実印・銀行印、印鑑登録カード、住民基本台帳カード、個人番号（マイナンバー）カード・個人番号（マイナンバー）通知カード、預貯金通帳、キャッシュカード、有価証券・その預り証、年金関係書類、健康保険証、介護保険証、土地・建物賃貸借契約書等の重要な契約書類等の引渡しを受けたり、本人の入所・入院している施設・病院の担当者に就任の報告と今後の後見人としての関与の仕方の打ち合わせを行ったりします。また、介護保険、年金、各種税等について本人に成年後見制度の利用が開始された旨の通知と関係文書の送達先を後見人の住所地に変更する届出を行ったり、財産管理権の内容に応じて金融機関に対する後見届出を行ったりします。

　また、監督人が選任された場合、監督人は、本人、後見人及び本人の財産管理や身上保護を担っている親族等の支援者と面会し、今後の監督方針と事務内容の打ち合わせ等を行います。

4　就任時報告書の作成

　成年後見人は、選任の審判が確定後、遅滞なく本人の財産の調査に着手し、原則的に着手から1か月以内に、その調査を終わり、かつ、目録を作成しなけ

コラム　後見届出後の預貯金通帳・キャッシュカードについて

　金融機関に後見届出をすると、本人名義の預貯金通帳に登録した後見人の本人確認と印鑑で、窓口での出入金の手続ができるようになります。通帳の名義も「○○○○成年後見人◇◇◇◇」という表記にすることもできます。

　また、後見届出をすると、キャッシュカードが失効したりインターネットバンキングが利用できなくなったりする金融機関もあります。

　なお、キャッシュカードについては、登録した後見人に代理人カードを発行する金融機関もあります。

ればなりません（民法853条1項本文。1か月以内に財産目録の作成が困難な事由があるときは、家庭裁判所に申し立てることで、期間伸長の審判を受けることができます（同項但書)。)。実務上は、就任時報告という形式で、就任時報告書、財産目録及び本人予算収支表を作成して家庭裁判所に提出することになります。

　後見監督人がいる場合、本人の財産の調査と財産目録の作成はその立会いをもってしなければ、その効力を生じないとされています（民法853条2項）。また、成年後見人が、本人に対し、債権を有し、又は債務を負う場合には、財産の調査に着手する前に、その旨を後見監督人に申し出なければなりません（民法855条1項。成年後見人が本人に対し債権を有することを知ってこれを申し出ないときは、その債権を失います（同条2項)。)。実務上は、成年後見人が、就任時報告書一式を後見監督人に提出して、後見監督人が、その内容を確認し、監督事務報告書を添えて、家庭裁判所に提出します。なお、成年後見人は、財産の目録の作成を終わるまでは、急迫の必要がある行為のみをする権限しかないので（民法854条本文）、できるだけ速やかにこれらの書類を作成する必要があります。

　財産管理についての代理権が付与された保佐人・補助人・任意後見人については、成年後見人と異なり、法律上、就任直後の財産の調査及び財産目録の作成は義務づけられていませんが、実務上は、家庭裁判所から、就任時の報告として、就任時報告書、財産目録及び本人予算収支表を作成して提出するように指示を受けることが多いようです。その場合でも、保佐監督人、補助監督人、任意後見監督人には、後見監督人のように、法律上は、保佐人、補助人、任意後見人の財産の調査及び財産目録の作成への立会いは要求されていませんが、実務上は、後見監督人と同様、家庭裁判所から、それらの内容を確認し、監督事務報告書を添えて提出するように指示を受けることが多いようです。

　なお、財産管理についての代理権が付与されていない保佐人・補助人・任意後見人についても、就任時に家庭裁判所から指示がある場合は、その指示に従って報告書等を家庭裁判所に提出することになります。

【成年後見人の就任時報告書例】名古屋家庭裁判所HPより

事件番号：平成・令和　　　年（家）第　　　　　号

事 務 報 告 書 （就 職 時）

令和　　　年　　　月　　　日

住　　　所

氏　　　名　　　　　　　　　　　　　　㊞
　　　　　　　　　（電話番号　　　　－　　　　－　　　　）
　　　　　　　　　（携帯電話　　　　－　　　　－　　　　）

　本人（　　　　　　　　　　さん）の財産について調査を終了しましたので，以下
のとおり報告します。
1　財産の内容は，別紙財産目録のとおりです。
2　収支予定表は，別紙本人予算収支表のとおりです。
3　生活や財産について，困っていることは，
　　　□　特にありません。　　　□　以下のことで困っております。

4　その他，気になっていることは，
　　　□　特にありません。　　　□　以下のことが気になっております。

財 産 目 録（本人氏名　　　　　　）

1　預貯金・現金
※　通帳や証書のコピーを添付してください。現金管理はできるだけ少額にしてください。

金融機関の名称	支店名	口座種別	口座番号	残高（円）	最終記帳日	管理者
現　金						
合　計						

2　不動産（土地）
※　未報告の不動産があれば，不動産登記事項証明書を添付してください。

所　在	地　番	地　目	地積（㎡）	(根)抵当権の有無

3　不動産（建物）
※　未報告の不動産があれば，不動産登記事項証明書（未登記の場合は固定資産税評価証明書）を添付してください。

所　在	家屋番号	種　類	床面積（㎡）	(根)抵当権の有無

4　保険契約（本人が契約者又は受取人になっているもの）
※　未報告の契約があれば，証書のコピーを添付してください

保険会社の名称	保険の種類	証書番号	保険金額(受取額)(円)	受取人

5　負債
※　未報告の負債があれば，負債の返済額や期間がわかる契約書等のコピーを添付してください

債権者名（支払先）	負債の内容	残額（円）	返済月額（円）
合　計			

6　その他（投資信託，株式，公債，社債，手形，小切手，貸金債権など）
※　その他の未報告の財産がある場合は，財産の内容がわかる資料（取引残高明細書，預かり証明書，証書，契約書等）のコピーを添付してください。

種　類	銘柄，振出人等	数量（口数，株数，額面金額等）	評価額等

（本人氏名　　　　　　　　）　　　令和　　年　　月　　日作成

本人予算収支表 （1か月あたりの収支の概算を記載してください。）

各　種　収　入	月　　　額	備　　　考
給与		
年金（　　　　　）		
年金（　　　　　）		
賃料収入		
その他（　　　　）		
その他（　　　　）		
その他（　　　　）		
収入合計（月額）	月額　　　　　　　　円　…①	

各　種　支　出	月　　　額	備　　　考
医療費（入院費・通院費）		
施設使用料		
所得税		
住民税		
固定資産税		
社会保険料		
介護保険料		
生活費（食費等）		
生命保険料		
損害保険料		
負債の返済		
その他（　　　　）		
その他（　　　　）		
その他（　　　　）		
支出合計（月額）	月額　　　　　　　　円　…②	

※収入①－支出②＝月額（＋・－）　　　　　　円　…③
※年額（③の12倍）（＋・－）　　　　　　　　円

第2　就任中の職務

　後見人は、財産管理及び身上保護についての事務を中心に職務を行っていきます。

　本人が相続人となる相続が開始したり、不動産等の価値の大きな財産の売却や10万円を超える臨時の収入支出等が見込まれたりして、本人の財産内容が大きく変動し得るときは、事前に家庭裁判所（監督人がいる場合は、監督人）に報告し、指示を受けながら対応していくことになります。

　また、本人が施設入所をしたり、入所施設を移ったり、大病を患って健康状態が変化したときも、家庭裁判所（監督人がいる場合は、監督人）に報告しながら職務を行っていきます。

1　財産管理

(1)　意　義

　成年後見人は、就任中、財産管理事務として、本人の収支の把握や、本人に請求される諸費用の支払、本人が受給できる年金・給付金・家賃収入等の受領、本人所有の不動産の管理（家屋の修繕やバリアフリーにするための増改築）・処分（売却・取壊し）、本人が相続人となっている場合の遺産分割協議・相続放棄、訴訟行為、確定申告その他税金の申告及び納税等を行うことになります（保佐人・補助人・任意後見人においては、後見登記事項証明書中の代理権目録の内容に応じた職務を行うことになります。）。

　後見人が管理している財産は、本人の利益のために活用しなければならないため、本人の親族や第三者の利益になるように変更したり、本人以外の者の利益のために消費したりすることはできません。

(2)　預貯金口座・現金の管理

ア　後見届出

　成年後見人（預貯金口座の管理についての代理権を有する保佐人・補

助人・任意後見人を含む。）は、就任後、本人が開設している預貯金口座について速やかに後見届出を行います。また、後見人は、本人の預貯金口座を新規に開設することもできます。一般的に後見届出や新規の口座開設に必要な書類は、①後見登記事項証明書、②後見人の運転免許証等の本人確認書類、③後見人の印鑑証明書及び実印、④届出印として後見人の実印以外の印鑑を用いる場合は、今後届出印として用いる印鑑、⑤任意後見人の場合は、任意後見契約公正証書正本等ですが、金融機関ごとに多少異なるので、事前に確認するようにしてください。

イ　預貯金口座を中心とした管理

　出入金は、預貯金口座への出入金によって管理することが望ましいとされています。口座数が多い場合は、なるべく1つの口座にまとめるようにします。

　公共料金、税金、健康保険・介護保険料、家賃、福祉施設・介護サービス利用料等は、口座振替できるように手続しておくと後日の集計がしやすくなります。また、手元の現金は、できるだけ少なくし、現金出納帳を作成して、支出についての領収書やレシートを保管しておくと、収支状況が把握しやすくなります。

⑶　株式・債券等の運用・処分

　利得を目的として、株取引や先物取引を行ったり、運用リスクの高い投資信託等の金融商品を購入したりすることは、たとえ財産管理についての代理権があったとしても後見人の職務の範囲外の行為といえます。しかし、保有している株式・債券等の相場が急落するようなおそれが明らかな場合は、これを処分することも職務に含まれると考えられているようです。

⑷　保険契約

　成年後見人（保険契約の締結や変更についての代理権を有する保佐人、補助人、任意後見人を含む。）は、本人が保険金の受取人になっている保険契約を変更して、後見人、本人の親族や第三者を受取人にするようなことはできません。

　また、本人の親族が加入している保険については、特別の事情のない限り、その保険料を本人の財産から支出することもできません。

(5)　**不動産の管理**

　本人が所有する不動産の修繕や管理も成年後見人（不動産の保存・管理についての代理権を有する保佐人・補助人・任意後見人を含む。）の職務です。本人に収益不動産がある場合、借主の賃料の支払いが滞っていれば、未払いの賃料を回収することになります。また、本人が施設入所や長期入院をすることになり、自宅が空き家となったときには、現状維持の管理だけでなく、老朽化による取壊しや売却等を行うことも職務に含まれます。

(6)　**不動産の処分**

ア　**不動産の処分についての同意**

　本人所有の不動産を処分する場合、処分の必要性・妥当性については事前に家庭裁判所（監督人がいる場合は、監督人）と協議することが望ましいといえます。処分に至る動機は、入所施設の費用や生活費の捻出、現在の建物が老朽化していて多額の修繕費を要するという事情等が多いようです。

　不動産の処分は、一般的に民法13条1項3号に定める本人にとって重要な法律行為に該当する行為といえるので、成年後見人においては、後見監督人がいる場合は、後見監督人の同意を得る必要があります（民法864条）。また、保佐人及び不動産の処分について同意権を付与された補助人においては、本人は、その同意を得る必要があります。さらに、任意後見においては、原則的に任意後見監督人の同意は不要ですが、任意後見契約によって、不動産の処分について任意後見監督人の同意を要する行為とすることができ、その場合は、任意後見監督人の同意を得る必要があります。

　不動産の処分について、これらの同意が必要となる場合は、各同意権者の実印を押印した同意書とその実印についての印鑑証明書が登記の添付書類となります。登記官は、後見登記事項証明書に記載の住所・氏名

等と市区町村役場の発行する印鑑証明書に記載の住所・氏名等が一致することで同意権者の同一性を確認します。司法書士・弁護士等の専門職は、後見登記事項証明書に事務所の住所地を登記していることが多いので、市区町村役場の発行する印鑑証明書では同一性を確認することができないこともあります。その場合は、①専門職の所属会（司法書士の場合は、日本司法書士会連合会）が発行する現住所と事務所の住所地の記載された登録事項証明書を併せて添付するか、②後見人については、市区町村役場の発行する印鑑証明書の代わりに裁判所書記官から発行される事務所の住所が記載された印鑑証明書を添付することで、同一性を証明します。監督人には、②の印鑑証明の制度がないようですので、①の方法のみによることになります。なお、不動産登記申請の添付書類となり得る印鑑証明書とは、原則として市区町村役場又は登記官が作成するものに限られるので、司法書士会等が発行する職印証明書は、それに該当しません（不動産登記令16条2項）。

イ　法定後見人が登記義務者の代理人として登記申請書又は登記委任状に実印を押印する場合

　法定後見人が登記義務者の代理人として、登記申請書又は登記委任状に実印を押印する場合もアと同じことがいえます。その実印についての印鑑証明書が登記の添付書類になりますが、専門職は、後見登記事項証明書に事務所の住所地を登記していることが多いので、市区町村役場の発行する印鑑証明書では同一性を確認することができないこともあります（任意後見契約公正証書においては任意後見受任者の住所は専門職であっても個人の現住所が記載され、登記嘱託される扱いなので、印鑑証明書の現住所と後見登記事項証明書の住所は一致するのが通常です。）。その場合は、アと同様、①専門職の所属会（司法書士の場合は、日本司法書士会連合会）が発行する現住所と事務所の住所地の記載された登録事項証明書を併せて添付するか、②後見人については、市区町村役場の発行する印鑑証明書の代わりに裁判所書記官から発行される事務所の住

所が記載された印鑑証明書を添付することで、同一性を証明します。

　ウ　本人確認情報

　　　後見人が登記義務者である本人の代理人として不動産登記の申請をする際に、登記識別情報を失念していたり、登記済証を紛失していたりしていて、申請代理人が本人確認情報を作成する場合、成年後見類型においては、成年後見人について本人確認情報を作成することになります。一方、保佐人、補助人及び任意後見人においては、付与された代理権の内容によって、本人あるいは後見人のどちらの本人確認情報を作成するかが定まるので、事前に申請先の法務局に確認するようにしてください。

【本人確認情報例（成年後見人）】

　　　　　　　　　　　本　人　確　認　情　報

○○法務局　御中

　　　　　　　　　　　　　　　　　　　令和○年○月○日

　当職は、本件登記申請の代理人として、以下のとおり、申請人が申請の権限を有する登記名義人であることを確認するために必要な情報を提供する。

　　　　　　　　　　○○市○町……

　　　　　　　　　　司法書士　　○○○○

　　　　　　　　　　（登録番号　　○○県司法書士会　第○○○号）

1　登記の目的　　所有権移転

2　不動産の表示

　　　　　　　　　　○○市○町○番○の土地

3　登記済証を提出できない理由　紛失

4　申　請　人

　　登記義務者

　　住　　　所　○○市○町……

氏　　　名　A

生 年 月 日　昭和○年○月○日生

上記法定代理人成年後見人

住　　　所　○○市○町……

氏　　　名　B

生 年 月 日　平成○年○月○日生

5　面談した日時・場所・状況

日　　　時　令和○年○月○日（火）午後1時30時〜2時30分

場　　　所　上記申請人本人及びその法定代理人成年後見人の現住所
　　　　　　地（自宅）

状　　　況　登記義務者が本件不動産を供して、所有権移転するにあ
　　　　　　たり登記済証が紛失のため、本人確認情報を作成するにあ
　　　　　　たって当職が面談した。

6　申請人法定代理人成年後見人との面識の有無　面識がない

7　面識がない場合における確認資料

第一号書類

名　　　称　○○県公安委員会発行の運転免許証（写真付き）
　　　　　　　特定事項ならびに有効期限　「別添写しのとおり」

8　登記名義人であることを確認した理由

運転免許証の顔写真により法定代理人成年後見人本人との同一性を確
認し、その外観・形状に異常がないことを視認した。住所・氏名・年
齢・干支の申述を求めたところ、正確に回答した。

登記記録に基づき、権利所得経過について尋ねたところ、その回答に
特段の疑うべき事情がなかった。

エ　居住用不動産の場合

① 意　義

居住用不動産とは、本人が生活の本拠として現に居住の用に供して、

又は将来居住の用に供する予定があったり、過去に生活の本拠として
居住の用に供していたことがあり、将来において生活の本拠として居
住の用に供する可能性があったりする不動産のことをいいます。本人
が過去に住所を有したことのある不動産も居住用不動産に該当するこ
とがあります。

　成年後見人（不動産の処分についての代理権を有する保佐人・補助
人を含む。）は、本人の居住用不動産について、売却、賃貸、賃貸借
の解除又は抵当権の設定その他これらに準ずる処分をするには、家庭
裁判所の許可を得なければなりません（民法859条の3、876条の5第
2項、876条の10第1項）。この家庭裁判所の許可は、居住用不動産の
処分の効力要件なので、許可を得ずしてなされた処分は無効です。な
お、任意後見人については、家庭裁判所の許可を得ることなく、居住
用不動産を処分することができます。

②　居住用不動産処分許可申立て

　成年後見人（不動産の処分についての代理権を有する保佐人・補助
人を含む。）が、本人の居住用不動産について売却・取壊し・抵当権
設定等をする場合、家庭裁判所に居住用不動産処分許可申立書を提出
します（法定後見監督人がいる場合は、法定後見監督人に提出し、法
定後見監督人はその内容を確認した後で、監督事務報告書及び同意書
等を作成し、申立書一式とともに家庭裁判所に提出します。）。申立書
には、本人の財産目録（本人の財産についての資料を含む。）、本人予
算収支表（本人の収支についての資料を含む。）に加えて、売却の場
合は、不動産売買契約書案、処分する不動産の評価証明書、査定書、
住民票や資格証明書等の買受人の住所・氏名が確認できる資料等、取
壊しの場合は、取壊し費用の見積書等、抵当権設定の場合は、抵当権
設定契約書案、債務者となる者の源泉徴収票等の所得に関する資料、
金銭消費貸借契約書案（保証委託の場合は、保証委託契約書案）等を
添付することになります。

　申立書には、契約前の契約書案を添付すれば足りるとされています
が、諸事情により、許可申立ての前に契約を締結しなければならない
こともあります。その場合は、許可がなされなかったときに備えて、
契約条項中に「本契約は、家庭裁判所の居住用不動産処分許可が得ら
れることにより効力を生じる。」や「本契約について、家庭裁判所の
居住用不動産処分許可を得ることができないときは、甲及び乙の協議
の上、両者は本契約を白紙解約できる。」という規定を設けておくこ
とが望ましいとされています。

　また、アの同意を要する場合、居住用不動産処分許可申立書には、
各同意権者の同意書（アの不動産登記申請の際に添付する同意書と異
なり、押印は実印でしなくても構いません。）の添付が必要になりま
す。

　同意書は、家庭裁判所に対する居住用不動産処分許可申立て時に提
出されますが、法務局に不動産登記を申請する際にも、登記の添付書
類としてアの同意権者の同意書（実印を押印したもの）と印鑑証明書
が必要になることもあり、見解が統一されていないようですので、事
前に申請先の法務局に確認するようにしてください。

③　登記識別情報の提供・登記済証の添付について

　法定後見人が家庭裁判所の居住用不動産処分許可を得て、本人の居
住の用に供する建物又はその敷地の処分を本人に代わって行った場合
において、その登記申請をするときは、登記識別情報の提供・登記済
証の添付を要せず、事前通知等も要しません（売却について、登記研
究779号119頁「カウンター相談240」）。

第2　就任中の職務

【居住用不動産処分（売却）許可申立書】

<table>
<tr><td>受付印</td><td colspan="2">居住用不動産処分許可申立書</td></tr>
</table>

受付印	居住用不動産処分許可申立書
	（この欄に申立て1件あたり収入印紙800円分を貼ってください。）
収入印紙　　　　円 予納郵便切手　　　円	印 紙 （貼った印紙に押印しないでください。）

○○　家庭裁判所 　　　　　　　　　　御中 令和　○○年　○　月　○　日	申　立　人 （又は法定代理人など） の記名押印	甲　野　一　郎　㊞

添付書類	（審理のために必要な場合は，追加書類の提出をお願いすることがあります。） 売買契約書案、評価証明書、査定書、同意書　各1通	準　口　頭

申 立 人	本　籍 （国　籍）	（戸籍の添付が必要とされていない申立ての場合は，記入する必要はありません。） ○○　都道 　　　府県　○○市…
	住　所	〒 ○○○ － ○○○○ ○○県○○市　　　　　　　　　　　　　　　（　　　　方）
	フリガナ 氏　名	コウノ　イチ　ロウ 甲　野　一　郎　　　　　昭和・平成　○年○月○日生　（　　○○　歳）

成 年 被 後 見 人	本　籍 （国　籍）	（戸籍の添付が必要とされていない申立ての場合は，記入する必要はありません。） ○○　都道　○○市… 　　　府県
	住　所	〒 ○○○ － ○○○○ ○○県○○市…　　　　　　　（　　　方）
	フリガナ 氏　名	コウノ　ハナ　コ 甲　野　花　子　　　　　昭和・平成　○年○月○日生　（　　○○　歳）

（注）太枠の中だけ記入してください。

- 174 -

申　立　て　の　趣　旨
申立人が被後見人の居住用建物及び敷地につき、別紙売買契約書案のとおり売却をすることを許可する旨の審判を求める。

申　立　て　の　理　由
1　申立人は、被後見人の成年後見人です。
2　被後見人の財産状況は別紙財産目録のとおりです。
3　被後見人は、現在〇〇に入所しており、別紙売買契約書案に記載の物件（以下、「本物件」という。）に戻る見込みはありません。
4　申立人は、被後見人の療養看護にあたっていますが、施設入所後の被後見人の収支は毎月〇〇万円の赤字となっており、本物件を売却し、その赤字の補てんしたいと考えています。なお、売却によって得る金銭は、後見制度支援信託に追加信託するつもりです。
5　買主〇〇は、金〇〇〇万円での買い受けを希望しており、この金額は妥当なものだと考えます。また、後見監督人もこの売却には賛成しています。
6　よって、本申立てをします。

※目録の記載は省略します。

【居住用不動産処分（売却）許可審判書】

令和○（家）第○○○号　成年被後見人の居住用不動産の処分についての許可申立事件

審　判

住所　○○県○○市……

　申立人（成年後見人）　甲野一郎

本籍　○○県○○市……

住所　○○県○○市……　△△老人保健施設

住民票上の住所　○○県○○市……

　成年被後見人　甲野花子

　昭和○○年○月○日生

本件について、当裁判所は、その申立てを相当と認め、次のとおり審判する。

主　文

1　成年後見人が成年被後見人に代わって、別紙物件目録記載の不動産を次のものに対し金○○○万円で売却することを許可する。

　　住　所　○○県○○市……

　　氏　名　○○○○

2　手続費用は成年被後見人の負担とする。

令和○年○月○日

○○家庭裁判所

裁判官　○○○○

本書は謄本である。　　同日於同庁　裁判所書記官　○○○○　㊞

（別紙）

物 件 目 録

（土地の表示）

　所　　在　　○○市……

　地　　番　　○番

　地　　目　　宅地

　地　　積　　○○．○○平方メートル

（主である建物の表示）

　所　　在　　○○市……

　家屋番号　　○番

　種　　類　　居宅

　構　　造　　木造瓦葺平家建

　床 面 積　　○○．○○平方メートル

　　　　　　　　　　　　　　　　　　　　　　以　　　上

【居住用不動産処分（建物取壊し）許可申立書】

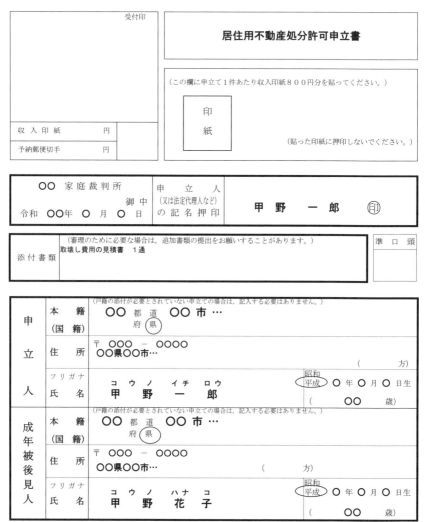

	受付印		居住用不動産処分許可申立書

（この欄に申立て1件あたり収入印紙８００円分を貼ってください。）

印
紙

（貼った印紙に押印しないでください。）

収入印紙	円
予納郵便切手	円

〇〇　家庭裁判所 　　　　　　御中 令和　〇〇年　〇　月　〇　日	申　立　人 （又は法定代理人など） の　記　名　押　印	甲　野　一　郎　　㊞

添付書類	（審理のために必要な場合は，追加書類の提出をお願いすることがあります。） 取壊し費用の見積書　１通	準　口頭

申 立 人	本　籍 （国　籍）	（戸籍の添付が必要とされていない申立ての場合は，記入する必要はありません。） 〇〇　都　道　〇〇　市 … 　　　府　県
	住　所	〒 〇〇〇 － 〇〇〇〇 〇〇県〇〇市… 　　　　　　　　　　　　　　　（　　　　　方）
	フリガナ 氏　名	コ ウ ノ　イ チ ロ ウ 甲　野　一　郎　　　昭和 　　　　　　　　　　平成　〇 年 〇 月 〇 日生 　　　　　　　　　　（　　　〇〇　　歳）
成 年 被 後 見 人	本　籍 （国　籍）	（戸籍の添付が必要とされていない申立ての場合は，記入する必要はありません。） 〇〇　都　道　〇〇　市 … 　　　府　県
	住　所	〒 〇〇〇 － 〇〇〇〇 〇〇県〇〇市…　　　　　（　　　　方）
	フリガナ 氏　名	コ ウ ノ　ハ ナ　コ 甲　野　花　子　　　昭和 　　　　　　　　　　平成　〇 年 〇 月 〇 日生 　　　　　　　　　　（　　　〇〇　　歳）

（注）太枠の中だけ記入してください。

申　立　て　の　趣　旨
申立人が被後見人の居住用建物につき、下記申立ての理由のとおり取壊しをすることを許可する旨の審判を求める。

申　立　て　の　理　由
1　申立人は、被後見人の成年後見人です。
2　被後見人の財産状況は別紙財産目録のとおりです。
3　被後見人は、現在〇〇に入所しており、それまで居住していた物件（所在 〇〇市… 家屋番号〇番の建物（以下「本件建物」という。））に戻る見込みはありません。
4　本件建物は老朽化が著しく、一部雨漏りがひどい部屋があります。また、昨夏の激しい風雨によって、トタンが外れ、近隣の建物に飛来し、損傷を負わせてしまいました。
5　よって、この申立てをします。
6　なお、本件建物の取壊し費用は、被後見人が負担します。

※目録の記載は省略します。

【居住用不動産処分（建物取壊し）許可審判書】

令和○（家）第○○○号　成年被後見人の居住用不動産の処分についての許可申立事件

審　判

住所　○○県○○市……
　申立人（成年後見人）　甲野一郎
本籍　○○県○○市……
住所　○○県○○市……　△△老人保健施設
住民票上の住所　○○県○○市……
　成年被後見人　甲野花子
　昭和○○年○月○日生

本件について、当裁判所は、その申立てを相当と認め、次のとおり審判する。

主　文

1　成年後見人が成年被後見人に代わって、成年被後見人が所有する別紙物件目録記載の不動産を取り壊すことを許可する。
2　手続費用は成年被後見人の負担とする。

令和○年○月○日
○○家庭裁判所
裁判官　○○○○

本書は謄本である。　　同日於同庁　裁判所書記官　○○○○　㊞

※物件目録の記載は省略します。

【居住用不動産処分（抵当権設定）許可申立書】

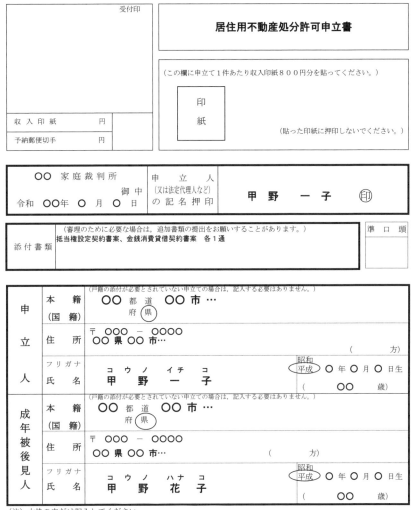

（注）太枠の中だけ記入してください。

申　　立　　て　　の　　趣　　旨
申立人が被後見人の居住用敷地につき、別紙抵当権設定契約書案のとおり抵当権設定をすることを許可する旨の審判を求める。

申　　立　　て　　の　　理　　由
1　申立人は、被後見人の成年後見人です。
2　被後見人は、現在〇〇に入所しており、それまで居住していた物件（所在　〇〇市…の土地（以下「本件土地」という。））に戻る見込みはありません。
3　本件土地は、現在更地となっており、この状態を維持しても固定資産税等の負担が増えるばかりであることが予測されます。
4　そこで、本件土地を申立人の夫である〇〇が借りて、相当の賃料を被後見人に支払い、本件土地上に申立人の夫と申立人が一緒に住むための建物を建築したいと考えています。
5　そのためには、申立人の夫が住宅ローンを組み、本件土地に対して別紙抵当権設定契約書案のとおり、抵当権設定登記を申請する必要があります。登記費用はすべて申立人の夫が負担します。
6　建物完成後、被後見人の健康状態が改善された場合は、その建物に被後見人を居住させ、一緒に生活していくつもりです。
7　よって、この申立てをします。

※目録の記載は省略します。

【居住用不動産処分（抵当権設定）許可審判書】

令和○（家）第○○○号　成年被後見人の居住用不動産の処分についての許可申立事件

審　判

住所　○○県○○市……

　申立人（成年後見人）　甲野一子

本籍　○○県○○市……

住所　○○県○○市……　△△老人保健施設

住民票上の住所　○○県○○市……

　成年被後見人　甲野花子

　昭和○○年○月○日生

本件について、当裁判所は、その申立てを相当と認め、次のとおり審判
する。

主　文

1　○○が、○○銀行から金○○○○万円を借り入れるにつき、成年後
　見人が、成年被後見人に代わって、成年被後見人が所有する別紙物件
　目録記載の不動産に対し、債権額金○○○○万円の抵当権を設定する
　ことを許可する。
2　手続費用は成年被後見人の負担とする。

令和○年○月○日

○○家庭裁判所

裁判官　○○○○

本書は謄本である。　　　　同日於同庁　裁判所書記官　○○○○　㊞

※物件目録の記載は省略します。

(7)　本人が相続人となる相続が開始した場合

ア　遺産分割協議をする場合

① 　事前の報告

　　本人が相続人となる相続が開始し、成年後見人（遺産分割協議について の代理権を有する保佐人・補助人を含む。以下、本項において同 じ。）が代理人として遺産分割協議をするときは、実務上、成年後見 人は、事前に家庭裁判所（監督人がいる場合は、監督人）に対して、 遺産分割協議書案、遺産目録、不動産登記事項証明書や預貯金通帳の 写し等遺産の資料を提出し、その協議内容において本人の法定相続分 が確保されている旨を報告します（原則的に、本人の法定相続分が確 保されていない遺産分割協議はすることができません。）。なお、任意 後見人が、本人の代理人として遺産分割協議をするときも、実務上、 任意後見監督人に対して事前・事後の報告をすることが望ましいとさ れています。

② 　利益相反

　　本人と法定後見人が、共同相続人である場合は、成年後見人につい ては特別代理人、保佐人については臨時保佐人、補助人については臨 時補助人が本人の代理人として遺産分割協議に参加するので、それら の者の選任申立てが必要になります（なお、後見監督人、保佐監督人、 補助監督人がいる場合は、それら監督人が本人を代理するので、特別 代理人、臨時保佐人、臨時補助人の選任は必要ありません。）。

　　なお、任意後見の場合は、任意後見監督人は必ず置かれるので、任 意後見監督人が本人の代理人として遺産分割協議に参加することにな ります。

【特別代理人選任審判申立書例】

<table>
<tr><td rowspan="2">受付印</td><td colspan="2">特別代理人選任　申　立　書</td></tr>
<tr><td colspan="2">（この欄に収入印紙800円をはる。）

（はった印紙に押印しないでください。）</td></tr>
<tr><td>収入印紙　800　円
予納郵便切手　836　円</td><td colspan="2"></td></tr>
</table>

準口頭		基本事件番号　令和　　　〇　年（家　　）第　　　〇〇〇　号

〇〇家庭裁判所　　　　御中 令和 〇〇 年 〇 月 〇 日	申立人の 記名押印	A　　　　　　印

添付書類	特別代理人候補者の住民票　遺産分割協議書案　本人の法定相続分が確保されていることがわかる書面

<table>
<tr><td rowspan="3">申
立
人</td><td>住　所</td><td>〒 〇〇〇-〇〇〇〇　　　　　電話 〇〇〇（〇〇〇〇）〇〇〇〇
〇〇県〇〇市……
（　　　　方）</td></tr>
<tr><td>フリガナ
氏　名</td><td>エー
A　　　平成〇年〇月〇日 生　職業　会社員</td></tr>
<tr><td>本　人
との関係</td><td>① 後見人　　② 利害関係人</td></tr>
<tr><td rowspan="3">本
人</td><td>本　籍</td><td>都　道
府　県</td></tr>
<tr><td>住　所</td><td>〒　　-　　　　　　　電話 （　　）
申立人の住所と同じ　　　　（　　　方）</td></tr>
<tr><td>フリガナ
氏　名</td><td>ビー
B</td></tr>
</table>

(1/2)

申　立　て　の　趣　旨
特 別 代 理 人 の 選 任 を 求 め る 。

申　立　て　の　理　由	
利 益 相 反 す る 者	利 益 相 反 行 為 の 内 容
※ ① 後見人と被後見人との間で利益相反する。 2　その他（ 　　　　　　）	※ ① 被相続人亡　**C**　　　　　　　　の遺産を分割するため 2　被相続人亡　　　　　　　　　　の相続を放棄するため 3　身分関係存否確定の調停・訴訟の申立てをするため 4　被後見人の所有する物件に（根）抵当権を設定するため 5　その他（　　　　　　　　　　　　　　　）

	（その詳細） 令和〇年〇月〇日、本人（成年被後見人）の妻Cが死亡したので、本人と申立人（成年後見人）ほか〇名との間で別紙遺産分割協議書案のとおり遺産分割をしたいと考えており、本申立てをしました。

特別代理人候補者	住　　所	〒 〇〇〇-〇〇〇〇　　　　　電話 〇〇〇 （〇〇〇〇） 〇〇〇〇 〇〇県〇〇市……　　　　　　　　　　（　　　　方）
	フリガナ 氏　名	ディー D　　　　　平成〇年〇月〇日 生　職業　自営業
	本　人 との関係	母方の叔父

（注）　太枠の中だけ記入してください。　※の部分については，当てはまる番号を〇で囲み，利益相反する者欄の2及び利益相反行為の内容欄の5を選んだ場合には，（　）内に具体的に記入してください。

(2/2)

③　事後の報告

　　本人（成年被後見人に限る。）が、相続財産を取得した場合、成年後見人は、遅滞なく、財産の内容を調査し、1か月以内に財産目録を作成し、家庭裁判所（後見監督人がいる場合は、後見監督人）に報告しなければなりません（民法856条）。

　　なお、保佐人及び補助人においては、そのような法律上の規定はありませんが、実務上、家庭裁判所（監督人がいる場合は、監督人）に取得後の財産状況を報告したり、任意後見人においても、任意後見監督人にそのような報告をしたりすることが一般的です。

イ　本人が遺留分を侵害されている場合

　　被相続人の相続が開始したことにより、本人の遺留分が侵害されている場合、成年後見人（遺留分侵害額請求についての代理権を有する保佐人・補助人・任意後見人を含む。）は、代理人として遺留分侵害額請求権を行使することができます。

ウ　相続放棄をする場合

　　被相続人が債務超過の状態で死亡した場合等、成年後見人（相続放棄について代理権が付与された保佐人・補助人・任意後見人を含む。）は、本人の代理人として相続放棄をすることを検討することになります。実務上、事前に家庭裁判所（監督人がいる場合は、監督人）に相続放棄をする理由を報告するのが一般的であるようです。

2　身上保護

　後見人は、ケアマネージャーや主治医等、本人の周辺の福祉・医療関係者と相談した上、健康診断等の受診、治療・入院等の医療に関する契約の締結及び費用の支払、老人ホーム等の施設の入退所に関する契約の締結及び費用の支払、要介護認定の申請、福祉・医療サービスの契約の締結及び費用の支払、本人の住居の確保に関する契約の締結及び費用の支払、意思決定や見守りの一環として定期的な訪問や面談、各種給付金の受給手続等を行います。

(1)　医療行為に関する同意権

　医療に関する契約の締結及び費用の支払いは、後見人の権限に属しますが、医療行為に対して同意をすることについては、原則として、後見人の権限には含まれません。そのため、本人の判断能力がある場合は、本人に同意をしてもらう必要がありますし、本人に判断能力がない場合は、その親族に同意をしてもらう必要があります。この点について、本人に同意するに足る判断能力がない場合に限り、触診、レントゲン検査、血液検査等の病的症状の医学的解明に必要な最小限の医的侵襲行為、及び解熱のための注射、投薬、骨折の治療、傷の縫合等の当該医療契約から当然予想される危険性の少ない軽微な身体的侵襲についてのみ、後見人が同意することが可能であるとする有力な見解があるとされています。

(2)　尊厳死・延命治療の中止・臓器移植の同意

　尊厳死、延命治療の中止、臓器移植の同意は、後見人の職務の範囲外なので、後見人が医師等からそれらの意思確認をされたとしても、後見人には、それに応ずる義務も権限もありません。

(3)　身元保証・身元引受の問題

　本人が施設入所をすることについて、施設側から後見人に対し、本人の身元保証人・身元引受人になるようにお願いされることがありますが、それは断るべきです。身元保証人・身元引受人には、本人に代わって介護についての意思決定や本人の費用の支払、緊急時の連絡、退去時の居室の原状回復、本人の死亡時の遺体の引取り等を行う役割と、本人によって生じた損害を身元保証人・身元引受人の資力によっててん補する役割があると考えられます。後見人が、自らの財産により、本人の代わりに損害賠償をすることは職務の範囲外なので、身元保証人・身元引受人への就任は避けるべきです。

(4)　居所の指定

　後見人は、本人のために福祉施設等の入所契約を締結する権限がありますが、本人の同意を得ずに強制的に居所を変えるようなことはできないの

で、本人が自宅での生活を希望する場合に、強制的に施設入所をさせるようなことはできません。

3　郵便物等の回送嘱託

成年後見人が本人の財産・収支状況を正確に把握し、適切な財産管理を行うために、本人に宛てた郵便物等の配達（回送）を受けようとする場合は、家庭裁判所の回送嘱託審判を得る必要があります（民法860条の2第1項）。この回送嘱託の申立ては、成年後見人に限られ、保佐人、補助人、任意後見人はすることができません。また、成年後見開始の審判の確定前は、この申立てをすることはできません。

回送の期間は、必要性の程度を踏まえて、6か月を超えない範囲で、家庭裁判所が定めます。なお、定められた回送期間は伸長することはできません。回送嘱託の審判確定後、家庭裁判所から信書送達事業者（集配郵便局等）に回送の嘱託がなされます。

コラム　郵便法35条による郵便物の転送

郵便法35条による郵便物の転送は、受取人が、住所又は居所を変更したときに、郵便局に転居届を提出することで、郵便物の転送を受けることができる制度です。転送期間は1年（更新も可能。）で、転送先に住民票上の現住所が置かれている必要はありません。

【回送嘱託申立書例】和歌山家庭裁判所HPより

<table>
<tr><td rowspan="2">受付印</td><td colspan="2">成年被後見人に宛てた郵便物等の回送嘱託申立書</td></tr>
<tr><td colspan="2">（この欄に申立手数料として1件について800円分の収入印紙を貼ってください。）

（貼った印紙に押印しないでください。）</td></tr>
<tr><td>収入印紙　　800円</td><td colspan="2"></td></tr>
<tr><td>予納郵便切手　　　円</td><td colspan="2"></td></tr>
</table>

後見開始の事件番号	平成・令和　〇〇　年（家）第　〇〇〇〇〇　号

和歌山家庭裁判所　　御中 　　支部・出張所 令和〇〇年〇〇月〇〇日	申立人 の記名押印	甲野一郎　㊞

添付書類	（審理のために必要な場合は，追加書類の提出をお願いすることがあります。） □住民票（開始以降に住所の変更があった場合のみ）　　■必要性に関する報告書 □財産管理後見人の同意書　　■成年後見監督人の同意書　　□

<table>
<tr><td rowspan="4">申立人</td><td>住所
（事務所）</td><td>〒〇〇〇-〇〇〇〇　　　　　電話〇〇〇（〇〇〇）〇〇〇〇
〇〇県〇〇市〇〇町〇丁目〇番〇号　　　　（　　　　方）</td></tr>
<tr><td>郵便物等の回送を受ける場所</td><td>（■上記の住所（事務所）と同じ）
〒　　-</td></tr>
<tr><td>フリガナ
氏名</td><td>コウ　ノ　イチ　ロウ
甲野一郎</td></tr>
<tr><td rowspan="4">成年被後見人</td><td>本籍
（国籍）</td><td>〇〇　都道府県　〇〇市〇〇町〇〇〇番地〇</td></tr>
<tr><td>住所</td><td>〒〇〇〇-〇〇〇〇
〇〇県〇〇市〇〇町〇〇〇番地　　　　（　　　　方）</td></tr>
<tr><td>居所</td><td>〒〇〇〇-〇〇〇〇
〇〇県〇〇市〇〇町〇丁目〇番〇号　　〇〇病院　（　　　　方）</td></tr>
<tr><td>フリガナ
氏名</td><td>オツ　ノ　タ　ロウ
乙野太郎</td></tr>
</table>

（注）　太枠の中だけ記入してください。

（1／3）

申　立　て　の　趣　旨
（該当する□にチェックしたもの）

■ （郵便物の回送嘱託）日本郵便株式会社に対し，成年被後見人の（■住所，□居所）に宛てて差し出された成年被後見人宛ての郵便物を申立人（成年後見人）に配達すべき旨を嘱託するとの審判を求める。

□ （信書便物の回送嘱託）＿＿＿＿＿＿＿＿＿＿＿＿に対し，成年被後見人の（□住所，□居所）に宛てて差し出された成年被後見人宛ての民間事業者による信書の送達に関する法律第2条第3項に規定する信書便物を申立人（成年後見人）に配達すべき旨を嘱託するとの審判を求める。

申　立　て　の　理　由

回送嘱託の必要性は，以下の□にチェックしたとおりである。

■1　成年後見人に選任されてから1年以内における初回申立て
　■(1) 成年被後見人は自宅に独居しているが，自ら郵便物等を管理することができず，かつ，後記4に具体的に述べるとおり，これを管理することができる親族から，成年後見人への郵便物等の引渡しについての協力を得られない。
　□(2) 成年被後見人は施設に入所中であるが，自ら郵便物等を管理することができず，かつ，後記4に具体的に述べるとおり，これを管理することができる施設から，成年後見人への郵便物等の引渡しについての協力を得られない。
　□(3) 成年被後見人は親族と同居しているが，自ら郵便物等を管理することができず，かつ，後記4に具体的に述べるとおり，これを管理することのできる同居の親族から，成年後見人への郵便物等の引渡しについての協力を得られない。
　□(4) その他（具体的事情は，後記4に具体的に述べるとおりである。）

□2　成年後見人に選任されてから1年以上経過した後における初回申立て
　　これまでの財産・収支の管理及びその把握について生じていた支障に関する具体的事情は，後記4に具体的に述べるとおりである。

□3　再度の申立て
　　前回の回送期間内に財産・収支の状況を把握できなかった具体的事情は，後記4に具体的に述べるとおりである。

■4　具体的事情
　　成年被後見人は，現在，自宅に一人で居住しています。しかし，申立人が後見開始の審判確定後，成年被後見人の自宅を訪問したところ，郵便物が部屋中に散乱し，成年被後見人は郵便物の所在についても把握できていない模様でした。また，成年被後見人の親族○○○○に対しても連絡を取りましたが，遠方であり，郵便物の管理についてその親族の協力を得ることができませんでした。

回送嘱託を行う集配郵便局等　　別添のとおり

第 2　就任中の職務

```
┌─────────────────────────────────────────┐
│  〒　〇〇〇－〇〇〇〇　　　　　　　         │
│                                          │
│  所在地　　東京都〇〇区〇〇町〇丁目〇番〇号  │
│                                          │
│  名　称　　〇〇郵便局　　　　　　　　        │
└─────────────────────────────────────────┘
```

※　回送嘱託を行う集配郵便局等の所在地及び名称を上記の枠内に記入してください。
　（1か所につき1用紙）

- - -　　　　　　　　　　　　　　　　　　　- -

（成年後見人に選任されてから1年以上経過した後における初回申立ての場合の記載例）

申　立　て　の　趣　旨
（該当する□にチェックしたもの）

■ （郵便物の回送嘱託）日本郵便株式会社に対し，成年被後見人の（■住所，□居所）に宛て
て差し出された成年被後見人宛ての郵便物を申立人（成年後見人）に配達すべき旨を嘱託す
るとの審判を求める。

□ （信書便物の回送嘱託）＿＿＿＿＿＿＿＿＿に対し，成年被後見人の（□住所，□居所）
に宛てて差し出された成年被後見人宛ての民間事業者による信書の送達に関する法律第2条
第3項に規定する信書便物を申立人（成年後見人）に配達すべき旨を嘱託するとの審判を求
める。

申　立　て　の　理　由

回送嘱託の必要性は，以下の□にチェックしたとおりである。

□1　成年後見人に選任されてから1年以内における初回申立て
　□(1) 成年被後見人は自宅に独居しているが，自ら郵便物等を管理することができず，かつ，
　　後記4に具体的に述べるとおり，これを管理することができる親族から，成年後見人へ
　　の郵便物等の引渡しについての協力を得られない。
　□(2) 成年被後見人は施設に入所中であるが，自ら郵便物等を管理することができず，かつ，
　　後記4に具体的に述べるとおり，これを管理することができる施設から，成年後見人へ
　　の郵便物等の引渡しについての協力を得られない。
　□(3) 成年被後見人は親族と同居しているが，自ら郵便物等を管理することができず，かつ，
　　後記4に具体的に述べるとおり，これを管理することのできる同居の親族から，成年後
　　見人への郵便物等の引渡しについての協力を得られない。
　□(4) その他（具体的事情は，後記4に具体的に述べるとおりである。）

■2　成年後見人に選任されてから1年以上経過した後における初回申立て
　　これまでの財産・収支の管理及びその把握について生じていた支障に関する具体的事情
　は，後記4に具体的に述べるとおりである。

□3　再度の申立て
　　前回の回送期間内に財産・収支の状況を把握できなかった具体的事情は，後記4に具体
　的に述べるとおりである。

■4　具体的事情
　(1) 成年被後見人は自分で郵便物を管理することはできず，申立人は，成年被後見人と同居し
　　ていた親族○○○○の協力を得て，定期的に成年被後見人宛ての郵便物の引渡しを受け，同
　　人の財産や収支の状況について確認を行ってきました。
　(2) ところが，申立人が選任されて1年以上が経過した令和○○年○○月ころ，成年被後見人
　　と同居していた親族○○○○が体調を崩して入院したことに伴い，別の親族△△△△が成年
　　被後見人を引き取り，身の回りの世話をするようになった以降，親族△△△△は，成年後見
　　制度の利用に反対し，申立人が成年被後見人と面会することを強く拒絶している上，現住居
　　に配達される成年被後見人宛ての郵便物の引渡しにも協力してくれません。
　(3) また，親族△△△△は，最近，○○市役所で成年被後見人の印鑑登録をしようとしたり，
　　成年被後見人名義の新しい預金口座を開設しようとしたりしていたようであり，このままで
　　は，申立人の知らないうちに，成年被後見人の財産が損なわれかねません。

回送嘱託を行う集配郵便局等　　別添のとおり

（2／3）

（再度の申立ての場合の記載例）

申 立 て の 趣 旨
（該当する□にチェックしたもの）

■（郵便物の回送嘱託）日本郵便株式会社に対し，成年被後見人の（■住所，□居所）に宛てて差し出された成年被後見人宛ての郵便物を申立人（成年被後見人）に配達すべき旨を嘱託するとの審判を求める。

□（信書便物の回送嘱託）＿＿＿＿＿＿＿＿＿＿に対し，成年被後見人の（□住所，□居所）に宛てて差し出された成年被後見人宛ての民間事業者による信書の送達に関する法律第2条第3項に規定する信書便物を申立人（成年被後見人）に配達すべき旨を嘱託するとの審判を求める。

申 立 て の 理 由

回送嘱託の必要性は，以下の□にチェックしたとおりである。

□1 成年後見人に選任されてから1年以内における初回申立て
　□(1) 成年被後見人は自宅に独居しているが，自ら郵便物等を管理することができず，かつ，後記4に具体的に述べるとおり，これを管理することができる親族から，成年後見人への郵便物等の引渡しについての協力を得られない。
　□(2) 成年被後見人は施設に入所中であるが，自ら郵便物等を管理することができず，かつ，後記4に具体的に述べるとおり，これを管理することができる施設から，成年後見人への郵便物等の引渡しについての協力を得られない。
　□(3) 成年被後見人は親族と同居しているが，自ら郵便物等を管理することができず，かつ，後記4に具体的に述べるとおり，これを管理することのできる同居の親族から，成年後見人への郵便物等の引渡しについての協力を得られない。
　□(4) その他（具体的事情は，後記4に具体的に述べるとおりである。）

□2 成年後見人に選任されてから1年以上経過した後における初回申立て
　　これまでの財産・収支の管理及びその把握について生じていた支障に関する具体的事情は，後記4に具体的に述べるとおりである。

■3 再度の申立て
　　前回の回送期間内に財産・収支の状況を把握できなかった具体的事情は，後記4に具体的に述べるとおりである。

■4 具体的事情
　(1)　成年被後見人は，自宅で一人暮らしをしており，自分で郵便物を管理することはできないことから，令和○○年○○月○○日，成年被後見人宛ての郵便物を成年被後見人の自宅に回送する旨の審判を得て，令和○○年○○月○○日までの約6か月間，成年被後見人宛ての郵便物が申立人の住所に転送されていました。
　(2)　この間，申立人は，転送されてきた成年被後見人宛ての郵便物を確認し，同人にどのような債権・債務が存在するかを精査してきましたが，成年被後見人名義の預貯金通帳の入出金の記載の状況に照らして，債権・債務の状況が判然としないものが未だ複数あり（調査結果は別添のとおり），その全容の解明には至っていません。
　(3)　郵便物の回送の嘱託期間は6か月が上限であることは承知していますが，このまま回送が終了するとなると，上記の債権・債務の解明が困難となり，財産管理の不備が原因で成年被後見人が損害を受ける可能性もあります。

回送嘱託を行う集配郵便局等　　別添のとおり

（2／3）

4　定期報告書の作成

　法定後見において、法定後見監督人又は家庭裁判所は、いつでも、法定後見人に対し事務の報告若しくは財産の目録の提出を求め、又は事務若しくは本人の財産の状況を調査することができます（民法863条1項、876条の5第2項、876条の10第1項）。

　また、任意後見においても、任意後見監督人は、任意後見人の事務を監督し、その事務について家庭裁判所に定期的に報告することが主たる職務なので（任意後見契約法7条1項1号・2号）、任意後見監督人は、いつでも、任意後見人に事務の報告を求めたり、本人の財産の状況を調査したりすることができます（同条2項）。

　実務上は、定期の報告として就任時報告から1年ごとに、法定後見においては家庭裁判所（法定後見監督人がいる場合は、法定後見監督人）、また、任意後見においては任意後見監督人に対して、定期報告書、財産目録（本人の財産についての資料を含む。）及び本人予算収支表（本人の収支についての資料を含む。）を提出する扱いとなっています。監督人に提出する場合、監督人は、後見人から報告書一式の提出を受けた後、内容を確認し、自身作成の監督事務報告書を添えて家庭裁判所に提出します。後見人や監督人が報酬を請求する場合は、この定期報告書一式と併せて、家庭裁判所に報酬付与の審判申立書を提出し、その審判書に記載された報酬額を本人の財産から取得することになります。

【定期報告書ひな形（成年後見類型）】名古屋家庭裁判所HPより

基本事件 事件番号平成・令和　　年(家)第　　　　号【 成年被後見人(本人)：　　　　　　　】

後見事務報告書（●月自主報告分）

令和　　　　年　　　　月　　　　日

住　所　＿＿＿＿＿＿＿＿＿＿＿＿＿＿＿＿＿＿＿＿＿

成年後見人　＿＿＿＿＿＿＿＿＿＿＿＿＿＿＿　　印

電話番号　＿＿＿＿＿＿＿＿＿　携帯電話　＿＿＿＿＿＿＿

※　口がある箇所は，必ずどちらか一方の口にレ点を入れてください。

※　完成したら，裁判所に提出する前に写しを取って，次回報告まで大切に保管してください。

| 本人の生活状況について |

1　前回報告以降，本人の住所に変化はありましたか。
　　□　変わらない。　　　□　以下のとおり変わった。（以下にお書きください。）
　　【住民票上の住所】
　　　　＿＿＿＿＿＿＿＿＿＿＿＿＿＿＿＿＿＿＿＿＿＿＿＿＿＿＿
　　【実際に住んでいる場所】（ ※ 入院先，入所施設などを含む。）

※　変わったことが確認できる資料（住民票，入院や施設入所に関する資料など）を本報告書
　とともに提出してください。

2　前回報告以降，本人の健康状態や生活状況に変化はありましたか。
　　□　特にない。　　　□　以下のとおり変化があった。（以下にお書きください。）
　　　　＿＿＿＿＿＿＿＿＿＿＿＿＿＿＿＿＿＿＿＿＿＿＿＿＿＿＿
　　　　＿＿＿＿＿＿＿＿＿＿＿＿＿＿＿＿＿＿＿＿＿＿＿＿＿＿＿
　　　　＿＿＿＿＿＿＿＿＿＿＿＿＿＿＿＿＿＿＿＿＿＿＿＿＿＿＿

| 本人の財産状況について |

1　前回提出の本人予算収支表から，月々の定期収入又は定期支出に変化はありましたか。
　　□　特に変わらない。　　　□　変化があった。
　　（「変化があった」と答えた場合）その項目と月額，変化があった理由は何ですか。以下に
　お書きください。また，これらが確認できる資料に加え，その変化があった後の収支の概算
　を記載した本人予算収支表を，本報告書とともに提出してください。
　　　　＿＿＿＿＿＿＿＿＿＿＿＿＿＿＿＿＿＿＿＿＿＿＿＿＿＿＿
　　　　＿＿＿＿＿＿＿＿＿＿＿＿＿＿＿＿＿＿＿＿＿＿＿＿＿＿＿
　　　　＿＿＿＿＿＿＿＿＿＿＿＿＿＿＿＿＿＿＿＿＿＿＿＿＿＿＿
　　　　＿＿＿＿＿＿＿＿＿＿＿＿＿＿＿＿＿＿＿＿＿＿＿＿＿＿＿

2　前回報告以降，1回につき10万円を超えるような臨時収入がありましたか。
　　□　ない。　　□　ある。
　　（「ある」と答えた場合）その内容と金額はどのようなものですか。以下にお書きください。
　　また，これらが確認できる資料を本報告書とともに提出してください。

_____
_____
_____
_____

3　前回報告以降，1回につき10万円を超えるような臨時支出がありましたか。
　　□　ない。　　□　ある。
　　（「ある」と答えた場合）その内容と金額はどのようなものですか。以下にお書きください。
　　また，これらが確認できる資料を本報告書とともに提出してください。

_____
_____
_____
_____

4　前回報告以降，本人が得た金銭（定期収入，臨時収入の全てを含む。）は，全額，今回コピーを提出した通帳に入金されていますか。
　　□　はい。　　□　いいえ。
　　（「いいえ」と答えた場合）入金されていないお金はいくらで，現在どのように管理していますか。また，入金されていないのはなぜですか。以下にお書きください。

_____
_____
_____
_____

5　前回報告以降，本人の財産から，本人以外の人（本人の配偶者，親族，成年後見人自身を含みます。）の利益となるような支出をしたことがありますか。
　　□　ない。　　□　ある。
　　（「ある」と答えた場合）誰のために，いくらを，どのような目的で支出しましたか。以下にお書きください。また，これらが確認できる資料を本報告書とともに提出してください。

_____
_____
_____
_____

6　その他，裁判所に報告しておきたいことがあればお書きください。

_____
_____
_____

【定期報告書ひな形（保佐類型）】名古屋家庭裁判所HPより

基本事件 事件番号平成・令和　　年(家)第　　　号【 被保佐人(本人)：　　　　　　】

保佐事務報告書（●月自主報告分）

令和　　　　年　　　　月　　　　日

住　所＿＿＿＿＿＿＿＿＿＿＿＿＿＿＿＿＿＿＿＿＿＿

保佐人＿＿＿＿＿＿＿＿＿＿＿＿＿＿＿＿＿＿＿印

電話番号＿＿＿＿＿＿＿＿＿＿　携帯電話＿＿＿＿＿＿＿

※　口がある箇所は，必ずどちらか一方の口にレ点を入れてください。
※　完成したら，裁判所に提出する前に写しを取って，次回報告まで大切に保管してください。

本人の生活状況について

1　前回報告以降，本人の住所に変化はありましたか。
□　変わらない。　　□　以下のとおり変わった。（以下にお書きください。）
【住民票上の住所】
＿＿＿＿＿＿＿＿＿＿＿＿＿＿＿＿＿＿＿＿＿＿＿＿＿＿
【実際に住んでいる場所】（ ※ 入院先，入所施設などを含む。）
＿＿＿＿＿＿＿＿＿＿＿＿＿＿＿＿＿＿＿＿＿＿＿＿＿＿

※　変わったことが確認できる資料（住民票，入院や施設入所に関する資料など）を本報告書とともに提出してください。

2　前回報告以降，本人の健康状態や生活状況に変化はありましたか。
□　特にない。　　□　以下のとおり変化があった。（以下にお書きください。）
＿＿＿＿＿＿＿＿＿＿＿＿＿＿＿＿＿＿＿＿＿＿＿＿＿＿
＿＿＿＿＿＿＿＿＿＿＿＿＿＿＿＿＿＿＿＿＿＿＿＿＿＿
＿＿＿＿＿＿＿＿＿＿＿＿＿＿＿＿＿＿＿＿＿＿＿＿＿＿
＿＿＿＿＿＿＿＿＿＿＿＿＿＿＿＿＿＿＿＿＿＿＿＿＿＿

同意権・取消権及び代理権の行使について

1　前回の報告から今回の報告までの間に，同意権・取消権の行使をしましたか。
□　行使していない。　　□　行使した。
（「行使した」と答えた場合）その内容はどのようなものですか。以下にお書きください。
また，これらが確認できる資料を本報告書とともに提出してください。
＿＿＿＿＿＿＿＿＿＿＿＿＿＿＿＿＿＿＿＿＿＿＿＿＿＿
＿＿＿＿＿＿＿＿＿＿＿＿＿＿＿＿＿＿＿＿＿＿＿＿＿＿
＿＿＿＿＿＿＿＿＿＿＿＿＿＿＿＿＿＿＿＿＿＿＿＿＿＿
＿＿＿＿＿＿＿＿＿＿＿＿＿＿＿＿＿＿＿＿＿＿＿＿＿＿

2　前回の報告から今回の報告までの間に，代理権の行使をしましたか。
　　※　代理権が付与されている場合のみ記入してください。
　　□　行使していない。　　　□　行使した。
　　（「行使した」と答えた場合）その内容はどのようなものですか。以下にお書きください。
　　また，これらが確認できる資料を本報告書とともに提出してください。
　　_____
　　_____
　　_____
　　_____

3　今後，同意権・取消権又は代理権を行使する予定はありますか。
　　□　予定していない。　　　□　予定がある。
　　（「予定がある」と答えた場合）その内容はどのようなものですか。以下にお書きください。
　　また，これらが確認できる資料を本報告書とともに提出してください。
　　_____
　　_____
　　_____
　　_____

本人の財産状況について

1　前回提出の本人予算収支表から，月々の定期収入又は定期支出に変化はありましたか。
　　□　特に変わらない。　　　□　変化があった。
　　（「変化があった」と答えた場合）その項目と月額，変化があった理由は何ですか。以下に
　　お書きください。また，これらが確認できる資料に加え，その変化があった後の収支の概算
　　を記載した本人予算収支表を，本報告書とともに提出してください。
　　_____
　　_____
　　_____
　　_____

2　前回報告以降，1回につき10万円を超えるような臨時収入がありましたか。
　　□　ない。　　　□　ある。
　　（「ある」と答えた場合）その内容と金額はどのようなものですか。以下にお書きください。
　　また，これらが確認できる資料を本報告書とともに提出してください。
　　_____
　　_____
　　_____
　　_____

3　前回報告以降，1回につき10万円を超えるような臨時支出がありましたか。
　　□　ない。　　　□　ある。
　　（「ある」と答えた場合）その内容と金額はどのようなものですか。以下にお書きください。
　　また，これらが確認できる資料を本報告書とともに提出してください。
　　_____
　　_____
　　_____
　　_____

4　前回報告以降，本人が得た金銭（定期収入，臨時収入の全てを含む。）は，全額，今回コピ
　ーを提出した通帳に入金されていますか。
　　□　はい。　　　□　いいえ。
　　（「いいえ」と答えた場合）入金されていないお金はいくらで，現在どのように管理してい
　　ますか。また，入金されていないのはなぜですか。以下にお書きください。
　　_____
　　_____
　　_____
　　_____

5　前回報告以降，本人の財産から，本人以外の人（本人の配偶者，親族，保佐人自身を含みま
　す。）の利益となるような支出をしたことがありますか。
　　□　ない。　　　□　ある。
　　（「ある」と答えた場合）誰のために，いくらを，どのような目的で支出しましたか。以下
　　にお書きください。また，これらが確認できる資料を本報告書とともに提出してください。
　　_____
　　_____
　　_____
　　_____

6　その他，裁判所に報告しておきたいことがあればお書きください。
　　_____
　　_____
　　_____

【定期報告書ひな形（補助類型）】名古屋家庭裁判所HPより

基本事件 事件番号平成・令和　　年(家)第　　　　号【 被補助人(本人)：　　　　　　　　】

補助事務報告書（●月自主報告分）

令和　　　　年　　　　月　　　　日

住　所 _____

補助人 _____　　印

電話番号 _____　携帯電話 _____

※　口がある箇所は，必ずどちらか一方の口にレ点を入れてください。

※　完成したら，裁判所に提出する前に写しを取って，次回報告まで大切に保管してください。

本人の生活状況について

1　前回報告以降，本人の住所に変化はありましたか。

□　変わらない。　　　□　以下のとおり変わった。（以下にお書きください。）

【住民票上の住所】

_____

【実際に住んでいる場所】（ ※ 入院先，入所施設などを含む。）

※　変わったことが確認できる資料（住民票，入院や施設入所に関する資料など）を本報告書とともに提出してください。

2　前回報告以降，本人の健康状態や生活状況に変化はありましたか。

□　特にない。　　　□　以下のとおり変化があった。（以下にお書きください。）

_____
_____
_____
_____

同意権・取消権及び代理権の行使について

1　前回の報告から今回の報告までの間に，同意権・取消権の行使をしましたか。

※　同意権が付与されている場合のみ記入してください。

□　行使していない。　　　□　行使した。

（「行使した」と答えた場合）その内容はどのようなものですか。以下にお書きください。

また，これらが確認できる資料を本報告書とともに提出してください。

_____
_____
_____
_____

2　前回の報告から今回の報告までの間に，代理権の行使をしましたか。
　※　代理権が付与されている場合のみ記入してください。
　□　行使していない。　　□　行使した。
　（「行使した」と答えた場合）その内容はどのようなものですか。以下にお書きください。
　また，これらが確認できる資料を本報告書とともに提出してください。

　_____
　_____
　_____
　_____

3　今後，同意権・取消権又は代理権を行使する予定はありますか。
　□　予定していない。　　□　予定がある。
　（「予定がある」と答えた場合）その内容はどのようなものですか。以下にお書きください。
　また，これらが確認できる資料を本報告書とともに提出してください。

　_____
　_____
　_____
　_____

　本人の財産状況について

1　前回提出の本人予算収支表から，月々の定期収入又は定期支出に変化はありましたか。
　□　特に変わらない。　　□　変化があった。
　（「変化があった」と答えた場合）その項目と月額，変化があった理由は何ですか。以下に
　お書きください。また，これらが確認できる資料に加え，その変化があった後の収支の概算
　を記載した本人予算収支表を，本報告書とともに提出してください。

　_____
　_____
　_____
　_____

2　前回報告以降，1回につき10万円を超えるような臨時収入がありましたか。
　□　ない。　　□　ある。
　（「ある」と答えた場合）その内容と金額はどのようなものですか。以下にお書きください。
　また，これらが確認できる資料を本報告書とともに提出してください。

　_____
　_____
　_____
　_____

3　前回報告以降，1回につき１０万円を超えるような臨時支出がありましたか。
　　□　ない。　　　□　ある。
　　（「ある」と答えた場合）その内容と金額はどのようなものですか。以下にお書きください。
　　また，これらが確認できる資料を本報告書とともに提出してください。

　　_____
　　_____
　　_____
　　_____

4　前回報告以降，本人が得た金銭（定期収入，臨時収入の全てを含む。）は，全額，今回コピ
ーを提出した通帳に入金されていますか。
　　□　はい。　　　□　いいえ。
　　（「いいえ」と答えた場合）入金されていないお金はいくらで，現在どのように管理してい
　　ますか。また，入金されていないのはなぜですか。以下にお書きください。

　　_____
　　_____
　　_____
　　_____

5　前回報告以降，本人の財産から，本人以外の人（本人の配偶者，親族，補助人自身を含みま
す。）の利益となるような支出をしたことがありますか。
　　□　ない。　　　□　ある。
　　（「ある」と答えた場合）誰のために，いくらを，どのような目的で支出しましたか。以下
　　にお書きください。また，これらが確認できる資料を本報告書とともに提出してください。

　　_____
　　_____
　　_____
　　_____

6　その他，裁判所に報告しておきたいことがあればお書きください。

　　_____
　　_____
　　_____

【監督事務報告書（定期）ひな形】東京家庭裁判所HPより

基本事件　　　　年(家)第　　　　　号　成年被後見人等

監 督 事 務 報 告 書

令和　　年　　月　　日
報告者（後見・保佐・補助　監督人）　　　　　　　　　印
住所　　　　　　　　　　　　　　　　TEL　　（　　）

１．後見人，保佐人，補助人（以下「後見人等」という。）が行っている事務は次のとおりである。
　(1) 本人の生活，療養看護面について，後見人等から
　　　□　報告を受けている。　□　以下の点が不明である。

　(2) 本人の財産面について，後見人等から
　　　□　報告を受けている。　□　報告がない。又は以下の点が不明である。

２．後見人等の事務の執行状況は，
　　　□　適正に執行されている。　□　次の点に問題がある。

３．本人の生活や財産について，困っていることは，
　　　□　特になし。　　□　以下のことで困っている。

４．その他，後見等監督事務に関して気になっていることは，
　　　□　特になし。　　□　以下のことが気になっている。

R3.4版

【報酬付与審判申立書ひな形】名古屋家庭裁判所HPより

<table>
<tr>
<td colspan="2">受付印

</td>
<td colspan="2">成年後見人等に対する報酬付与申立書

この欄に収入印紙８００円分をはる。

はった印紙に押印しないでください。</td>
</tr>
<tr>
<td>収入印紙</td>
<td>８００円</td>
<td colspan="2"></td>
</tr>
<tr>
<td>予納郵便切手</td>
<td>円</td>
<td colspan="2"></td>
</tr>
</table>

基本事件番号　平成・令和　　年（家）第　　　　号

名古屋家庭裁判所　　　　御中 　令和　　年　月　日	申立人の 署名押印 又は記名押印	㊞

添付書類	事務報告書（定期）・財産目録・本人予算収支表・財産に関する資料の写し

<table>
<tr>
<td rowspan="5">申
立
人</td>
<td>本人と
の関係</td>
<td colspan="2">□ 成年後見人　　□ 保佐人　　□ 補助人　　□未成年後見人
□ 成年後見監督人　　□ 任意後見監督人　　□</td>
</tr>
<tr>
<td>住　所
または
事務所</td>
<td colspan="2">〒　　　―

　　　　　　　　　電話番号　　　（　　　）</td>
</tr>
<tr>
<td>フリガナ
氏　名</td>
<td></td>
<td>職業</td>
</tr>
</table>

<table>
<tr>
<td rowspan="3">本
人</td>
<td>本　籍</td>
<td colspan="2"></td>
</tr>
<tr>
<td>住　所</td>
<td colspan="2"></td>
</tr>
<tr>
<td>フリガナ
氏　名</td>
<td></td>
<td>大正
昭和　　　年　月　日生
平成</td>
</tr>
</table>

（注）太枠の中だけ記入してください。
　　　審判書謄本の郵送を希望される方は８４円分の郵便切手を添付してください。

1

第2 就任中の職務

```
┌─────────────────────────────────────────────────────────────┐
│            申 立 て の 趣 旨                                    │
├─────────────────────────────────────────────────────────────┤
│              ┌ □就職時      ┐      ┌ □本件申立日      ┐       │
│ 申立人に対し,│ □平成  年  月  日 │から│ □令和  年  月  日 │       │
│              └ □令和  年  月  日 ┘      └ □終了時          ┘       │
│                                                               │
│ までの間の申立人の報酬として,本人の財産の中から相当額を与えるとの審判を求める。│
└─────────────────────────────────────────────────────────────┘
```

```
┌─────────────────────────────────────────────────────────────┐
│            申 立 て の 実 情                                    │
├─────────────────────────────────────────────────────────────┤
│ 1  申立人が行った事務の内容は,                                 │
│      □   既に報告したとおりである。                            │
│      □   本日付事務報告書のとおりである。                      │
│      □   別紙記載のとおりである。                              │
│                                                               │
│   ※  申立期間において,本人のために特に行った事項               │
│      □訴訟,非訟,家事審判,調停(事件名              )       │
│      □訴訟外の示談       □遺産分割協議                        │
│      □保険金請求         □不動産の任意売却                    │
│      □その他 (                                  )           │
│                                                               │
│ 2  その他参考となる事項                                        │
│                                                               │
│ ............................................................. │
│ ............................................................. │
│ ............................................................. │
│ ............................................................. │
│ ............................................................. │
└─────────────────────────────────────────────────────────────┘
```

(注)太枠の中だけ記入してください。

2

第**4**章

本人死亡後の事務

　本人が死亡し、後見が終了すると、後見人は、①本人死亡の報告と管理の計算、②後見終了の登記申請、③財産の相続人等への引渡し、④家庭裁判所に対する報告等をするとされています。

　また、必要に応じて、遺体の引取り、親族・菩提寺への連絡、埋火葬のための手続、葬儀、火葬、供養、菩提寺・墓所の選択、墓石の建立、埋葬、墓所の管理、永代供養、墓の改葬、それらの費用等の支払、医療費の支払、入院保証金の受領、老人ホーム等の施設利用料の支払、入所保証金の受領、公共料金・その他日常家事債務の支払、家賃の支払、入居保証金（敷金）の受領、地代その他の賃料の支払、入院先の私物の引取り、入所施設の退去手続・明渡し、賃貸不動産の解約・明渡し、不要な家財道具や生活用遺品の処分、公的年金担当窓口・日本年金機構への届出手続、相続人の調査等をしなければならないような状況になることがあります。

1　本人死亡の報告と管理の計算

　後見人又は監督人（本人の死亡により、後見が終了するため、厳密には「後見人であった者」「監督人であった者」とするべきという考え方もありますが、本書においては単に「後見人」「監督人」等と表記します。）は、本人が死亡した事実を速やかに家庭裁判所に報告する必要があります。実務上、報告は、戸籍謄本又は死亡診断書の写しを添付して死亡時報告書を作成し、家庭裁判所に提出することにより行います。

　また、本人の死亡により後見人及び監督人の任務が終了します。法定後見人又はその相続人は、2か月以内にその管理の計算をしなければなりません（民法870条、876条の5第3項、876条の10第2項）。ただし、期間内に管理の計算が間に合いそうにないときは、家庭裁判所に期間の伸長の申立てをすることが可能です（民法870条但書、876条の5第3項、876条の10第2項）。法定後見監督人が選任されている場合は、法定後見監督人の立会いのもと、管理の計算をしなければなりません（民法871条、876条の5第3項、876条の10第2項）。

　なお、任意後見契約法は、民法870条及び871条を準用していませんが、実務

上、家庭裁判所の指示により、任意後見人は、任意後見監督人の立会いのもと、法定後見人におけるのと同様に、管理の計算をすることになることが多いようです。この計算については、実務上、後見人は家庭裁判所（監督人がいる場合は、監督人）に報告書の形式で提出する扱いとなっています。監督人がいる場合は、監督人は、後見人作成の報告書や財産目録等の資料に、監督事務報告書を併せて家庭裁判所にそれら一式を提出することが一般的です。後見等事務終了報告書ひな形については、211ページを参照してください。

2　後見終了の登記申請

後見人及び監督人は、本人の死亡により後見が終了したときは、東京法務局民事行政部後見登録課に後見終了の登記を申請する必要があります（後見登記法8条1項）。登記申請書（終了の登記）記載例については、212ページを参照してください。

【後見等事務終了報告書ひな形】名古屋家庭裁判所HPより

（裁判所使用欄）		裁判官
令和　　年　　月　　日	監督終了 （終了認定）	

基本事件番号：平成・令和　　　年（家）第　　　　　　号

名古屋家庭裁判所　御中

令和　　年　　月　　日

□成年後見人　□保佐人　□補助人　□任意後見人

氏　名　　　　　　　　　　　印

連絡先電話番号　　　　（　　　）

□監督人（監督人が選任されている場合は連署）

氏　名　　　　　　　　　　　印

連絡先電話番号　　　　（　　　）

後 見 等 事 務 終 了 報 告 書

1　本人（　　　　　　　　）が，平成・令和　　　年　　　月　　　日死亡しました。

　　（**本人の死亡の記載がある除籍謄本または死亡診断書の写しを添付します。**）

2　本人の財産は，

　　□相続人（の1人）として引き続き保管しています（本人との続柄：　　　　）。

　　□相続人（の1人）である（氏名：　　　　　　本人との続柄：　　　　）に

　　　　┌□引き継ぐ予定です（引継ぎが終了したときは引継書を提出します。）。

　　　　└□引き継ぎました（**引継書を添付します。**）。

　　□相続財産管理人，遺言執行者または受遺者に

　　　　┌□引き継ぐ予定です（引継ぎが終了したときは引継書及び相続財産管理人選任

　　　　│　　審判写しまたは遺言書写しを提出します。）。

　　　　└□引き継ぎました（**引継書及び相続財産管理人選任審判写しまたは遺言書写し**

　　　　　　を添付します。）。

　　□引継ぎ不要（の見込み）です。その理由は，

　　　　┌□保佐人，補助人で，財産管理に関する代理権が付与されていません。

　　　　└□財産がありません（報酬付与後に財産がなくなる見込みです。）。

　　□その他（　　　　　　　　　　　　　　　　　　　　　　　　　　）

3　報酬付与申立て予定（　□あり　□なし　）

【登記申請書（終了の登記）記載例】東京法務局HPより

登記申請書（終了の登記）　令和　元年　5月　9日申請

1 申請人等

ア 申請される方 （申請人）	住　　　所	東京都台東区台東1丁目26番2号	
	氏　　　名	後見　太郎	㊞
	資　格(本人との関係)	成年後見人	連絡先（電話番号）　090−○○△△−××□□

(注) 申請人が法人の場合は、「名称又は商号」「主たる事務所又は本店」を記載し、代表者が記名押印してください。

イ 上記の代理人 （上記の申請人から 委任を受けた方）	住　　　所	
	氏　　　名	㊞
	連絡先（電話番号）	

(注1) 代理人が申請する場合は、アの欄とともにイの欄にも記入してください（この場合アの欄の押印は不要です。）。
(注2) 代理人が法人の場合は、「名称又は商号」「主たる事務所又は本店」を記載し、代表者が記名押印してください。

2 登記の事由

ア 終了の事由	☑成年被後見人の死亡、□被保佐人の死亡、□被補助人の死亡、□任意後見契約の本人の死亡、□任意後見受任者の死亡、□任意後見人の死亡、□任意後見契約の解除、□その他（　　　　　）

(記入方法) 上記の該当事項の□に☑のようにチェックしてください。

イ 終了の年月日	平成・㊑和　元　年　　　5　月　　7　日　※（注）参照

(注) ○死亡の場合は、その死亡日　○任意後見契約の合意解除の場合は、合意解除の意思表示を記載した書面になされた公証人の認証の年月日等　○任意後見契約の一方の解除の場合は、解除の意思表示を記載した書面が相手方に到達した年月日等

3 登記記録を特定するための事項

(本人（成年被後見人、被保佐人、被補助人、任意後見契約の本人）の氏名は必ず記入してください。)

フ リ ガ ナ	コウケン　ハルコ
本 人 の 氏 名	後見春子　※本人（成年被後見人、被保佐人、被補助人、任意後見契約の本人）の氏名

(登記番号が分かっている場合は、本欄に登記番号を記入してください。)

登 記 番 号	第　2011　−　55555　号

(登記番号が分からない場合は、以下の欄に本人の生年月日・住所又は本籍を記入してください。)

本人の生年月日	明治・大正・㊝和・平成・令和／西暦　15　年　7　月　12　日生
本 人 の 住 所	東京都千代田区九段南1丁目1番15号　※本人の登記記録上の住所
又は本人の本籍 （国籍）	

4 添付書類

該当書類の□に ☑のようにチェック してください。	①□法人の代表者の資格を証する書面（※申請人又は代理人が法人であるときに必要） ②□委任状　□その他（　　　　　　　　　）（※代理人が申請するときに必要） ③☑登記の事由を証する書面 　　ア☑死亡の場合（☑戸籍（除籍）の謄抄本（欄外注参照）、□死亡診断書、 　　　　　　　　　□その他（　　　　　　　　　）） 　　イ□任意後見監督人選任前の一方的解除の場合（解除の意思表示が記載され公証人の 　　　　認証を受けた書面＝配達証明付内容証明郵便の謄本＋配達証明書（はがき）） 　　ウ□任意後見監督人選任前の合意解除の場合（合意解除の意思表示が記載され、公証 　　　　人の認証を受けた書面の原本又は認証ある謄本） 　　エ□任意後見監督人選任後の解除の場合（上記イ又はウの書面（ただし、公証人の認証 　　　　は不要）＋家庭裁判所の許可審判書（又は裁判書）の謄本＋確定証明書） 　　オ□その他（　　　　　　　　　　　　　）

(注) 死亡の場合、法務局において住民基本台帳ネットワークを利用して死亡の事実を確認することができるときは、戸籍（除籍）の謄抄本等の添付等を省略することができます。法務局において死亡の事実を確認することができないときには、戸籍（除籍）の謄抄本等の送付をお願いすることがあります。

※登記手数料は不要です。

3　報酬付与審判の申立て

　本人の死亡により後見が終了した場合、後見人及び監督人の前回の報酬付与審判の対象期間後からの報酬は、前記1の報告書の提出と同時に、家庭裁判所に報酬付与の審判の申立てをし、審判書に記載の報酬額を受領することになります。一般的には、財産を相続人等に引き渡す前に報酬の受領がなされることが多いようです。

4　財産の相続人等への引渡し

　本人が死亡したことにより、後見人は、それまで管理していた財産を引き渡さなければいけません。なお、本人の財産を引き渡す相手方はケースにより異なります。

(1)　遺言がある場合

　　本人が十分な判断能力を有するうちに遺言を作成していて、遺言執行者が選任されている場合は、後見人は、その遺言執行者の職務権限内の執行対象財産については、その遺言執行者に引き渡すことになります。遺言に遺言執行者の指定についての定めがない場合は、後見人が家庭裁判所に遺言執行者の選任申立てをして、選任された遺言執行者に遺言執行の対象財産を引き渡すことになります。この際、遺言執行者選任の申立てをした後見人が遺言執行者に選任されることもあり得ますが、その際は、後見人は遺言執行者として遺言内容の実現に必要な範囲で本人の財産を管理し、遺言書記載の受益相続人や受遺者に財産を引き渡すことになります。

　　また、後見人が保管している遺言が、自筆証書遺言（法務局の自筆証書遺言保管制度を利用している遺言を除く。）及び秘密証書遺言である場合は、後見人が遺言の保管者として、家庭裁判所に検認の申立てをすることになります。

(2)　遺言がない場合

　ア　相続人が全員判明し、紛争性がなく、引受けの意思がある場合

本人の相続人が複数いる場合は、できる限り相続人全員の立会いのもと引き渡すか、相続人代表者を一名定めてその者にするときは他の相続人全員からの同意書を取り付ける等して引き渡すようにします。理論上は、未分割の相続財産は、共同相続人の共有に属し（民法898条）、共有者は保存行為として、後見人に対し、単独で財産全部の引渡しを求めることができるため、相続人の一人に引き渡すことで足りると思われますが、後日他の相続人からクレームが入り、トラブルになることも想定されますので、諸事情を勘案して慎重に引渡し方法を検討する必要があります。

イ　相続人が財産の引受けを拒否している場合等

本人に相続人がいるにもかかわらず、財産の引受けを拒否している場合は、後見人は、家庭裁判所に民法918条2項の相続財産管理人の選任申立てをし、選任された相続財産管理人に本人の財産を引き渡すことも検討する必要があります。相続人が全員判明し、引受けの意思はあるものの、相続人間の対立が激しく、後見人がどの相続人に引き渡すべきかわからないというときも同様です。

ウ　相続人がいない場合

本人に相続人がいないときや、相続人の全員が相続放棄をしたときは、後見人は家庭裁判所に民法952条1項の相続財産管理人の選任申立てをし、選任された相続財産管理人に本人の財産を引き渡すことになります。

エ　相続人が行方不明の場合

本人に相続人はいるものの行方不明のときには、後見人は家庭裁判所に不在者財産管理人の選任申立てをし、選任された不在者財産管理人に本人の財産を引き渡すことになります。

5　死後事務

(1)　死後事務の要請

本人が死亡すると後見は終了しますが、一方で、本人には相続が開始し、

それまで後見人が管理してきた財産が、相続人に帰属することになります。しかし、本人が、親戚とは疎遠で身寄りがなく、死後もその相続人が、生前の入院・施設利用料の支払、遺体・遺品の引取り、葬儀の催し等の死後事務への関与に消極的な場合、後見人は、法律上の権限がないにも関わらず、本人の相続人に財産の引渡しをするまでは、事実上、本人の財産を所持することになります。そのため、本人が入院・入所していた病院・施設、アパートの管理者等の関係者から、「代理人であったから」という理由でそれらの事務を行うことを要請されることもあります。

　これら死後事務については、成年後見人は、まず民法873条の2が根拠となり、同条の適用外の死後事務については、民法654条の委任の終了後の処分（以下、「応急処分義務」といいます。）又は事務管理（民法697条）として対応することになります。保佐人、補助人及び任意後見人の死後事務には、民法873条の2の適用がありませんので、応急処分義務又は事務管理として対応することになります。

　なお、死後事務の委任契約が締結されている場合、受任者はその内容の事務を執行することになります。

(2)　民法873条の2

　平成28年10月13日に施行された「成年後見の事務の円滑化を図るための民法及び家事事件手続法の一部を改正する法律（平成28年法律第27号）」によって、死後事務の一部について成年後見人の権限を認めた民法873条の2の規定が創設されました。この規定は、成年後見人は、本人が死亡した場合に、必要があるときは、本人の相続人の意思に反することが明らかなときを除き、相続人が相続財産を管理することができるに至るまで、①相続財産に属する特定の財産の保存に必要な行為、②相続財産に属する債務（弁済期が到来しているものに限る。）の弁済、③死体の火葬又は埋葬に関する契約の締結その他相続財産の保存に必要な行為（①②を除く。）をすることができます（民法873条の2各号。③の行為をするには、家庭裁判所の許可を得なければなりません（民法873条の2但書）。）。なお、①

及び②の行為をするための費用を捻出するため、本人の預貯金口座から払い戻しを受ける場合は、その払戻しは③の行為に該当するため、家庭裁判所の許可を受けなければならないとされているようです。

　なお、この規定の問題点として、①この規定が、保佐人、補助人及び任意後見人には適用されないことや、②火葬・埋葬の契約について家庭裁判所の許可を要求しているものの、本人が死亡してから家庭裁判所に許可の申立てをしていては、火葬・埋葬契約の締結に間に合わない可能性が高いこと、③「相続人の意思に反することが明らかな場合」及び「相続人が相続財産を管理することができるようになるまで」の客観的基準が不明確なこと等が挙げられています。

コラム　令和5年4月1日施行の民法改正の影響

1　改正前民法918条2項の相続財産管理人について

　令和5年4月1日施行の民法改正により、改正前民法918条2項は削除されます。その代わり、新設される民法897条の2を根拠に選任される相続財産管理人によって、相続財産の保存的な管理がなされることになります。

2　民法952条の相続財産管理人について

　令和5年4月1日施行の民法改正により、民法952条の相続財産管理人は「相続財産清算人」という名称に変わります。清算期間中の公告手続が合理化され、相続財産清算人選任の公告と相続人捜索の公告を統合して一つの公告で同時に行うとともに、これと並行して、相続債権者等に対する請求の申出をすべき旨の公告を行うことが可能になり、相続財産清算人が選任されてから最短6か月で権利の確定がなされる制度になります。

【火葬許可申立書例】名古屋家庭裁判所HPより

（書式9　火葬に関する契約を締結する場合の記載例）

受付印	成年被後見人の死亡後の死体の火葬又は埋葬に関する 契約の締結その他相続財産の保存に必要な行為につい ての許可　申立書

この欄に収入印紙800円分を貼る。

印　紙

（貼った印紙に押印しないでください。）

収入印紙	円
予納郵便切手	円
準口頭		基本事件番号　平成　令和　〇〇　年（家　　）第　　×××× 号

| 名古屋家庭裁判所　　御中 | 申立人の記名押印 | 甲　野　太　郎 （印） |
| 令和　〇〇年〇月　　〇日 | | |

| 添付
書類 | ■ 申立事情説明書　　　　■ 死亡診断書の写し（死亡の記載のある戸籍謄本）
□ 預貯金通帳の写し　　　□ 寄託契約書案
□ 報告書 |

申立人	住所	〒〇〇〇−〇〇〇〇　　電話　〇〇〇（〇〇〇）〇〇〇〇 △△県×市×町〇丁目〇〇番〇号　〇〇法律事務所
	氏名	甲　野　太　郎
成年被後見人	住民票上の住所	〒〇〇〇−〇〇〇 △△県◇市◇町〇丁目〇番
	氏名	亡　乙　野　一　郎

※申立人欄は窓空き封筒の申立人の宛名としても使用しますので、パソコン等で書式設定する場合には、以下の書式設定によりお願いします。
（申立人欄書式設定）
上端10.4cm
下端14.5cm
左端3.3cm
右端5cm

| 申立ての趣旨 | 申立人が
■成年被後見人の死体の（■火葬□埋葬）に関する契約を締結する
□成年被後見人名義の下記の預貯金の払戻しをする
　金融機関名＿＿＿＿＿＿＿＿＿　支店名＿＿＿＿＿＿＿
　口座種別＿＿＿＿＿　口座番号＿＿＿＿＿＿＿＿＿＿
　払戻金額 金＿＿＿＿＿＿＿＿＿＿＿円
□
　[　　　　　　　　　　　　　　　　　　　　　　]
ことを許可する旨の審判を求める。 |
| 申立ての理由 | 別添申立事情説明書のとおり |

裁判所使用欄

1　本件申立てを許可する。
2　手続費用は，申立人の負担とする。
　　　令和　　年　　月　　日
　　　名古屋家庭裁判所　□　　支部　　□　　出張所

　　　　裁判官

	告知
受告知者	申立人
告知方法	□住所に謄本送付 □当庁において謄本交付
年月日	令和　・　・ 裁判所書記官

基本事件番号（平成）令和＿＿○○＿＿年（家）第＿×××ד号　　成年被後見人亡 乙野一郎＿＿＿＿

申立事情説明書

1　申立ての理由・必要性等について

> 　成年被後見人は，令和○○年○○月○○日，▲▲病院で亡くなりました。成年被後見人の相続人には，唯一，長男の○○○○がいますが，病気のため入院しており，成年被後見人の火葬を取り仕切ることができる親族がおりません。
>
> 　そこで，成年後見人において，申立ての趣旨に記載した行為を行う必要があります。

※　申立ての理由・必要性等を裏付ける資料がある場合には，資料を添付してください。

2　本件申立てにかかる行為ついての相続人の意思について

□　相続人の存在が明らかではないため，意思の確認がとれない。

□　相続人が所在不明のため，意思の確認がとれない。

□　相続人が疎遠であり，意思の確認がとれない。

□　反対している相続人はいない。

■　その他

> 　相続人○○○○は危篤状態にあり，意思の確認がとれない。
>
> 　なお，これまで同人が後見事務に反対の意思を表明したことはない。

【寄託契約許可申立書例】名古屋家庭裁判所HPより

（書式9　寄託契約を締結する場合の記載例）

受付印	成年被後見人の死亡後の死体の火葬又は埋葬に関する契約の締結その他相続財産の保存に必要な行為についての許可　申立書

この欄に収入印紙800円分を貼る。

印　紙

（貼った印紙に押印しないでください。）

収入印紙	円
予納郵便切手	円

準口頭	基本事件番号　平成・令和　〇〇　年（家　　）第　　　××××　　号

名古屋家庭裁判所　　御中	申立人の記名押印	甲 野 太 郎 （印）
令和　〇〇　年〇月　〇　日		

添付書類	■ 申立事情説明書　　　■ 死亡診断書の写し（死亡の記載のある戸籍謄本） □ 預貯金通帳の写し　　■ 寄託契約書案 □ 報告書

※申立人欄は窓空き封筒の申立人の宛名としても使用しますので、パソコン等で書式設定する場合には、以下の書式設定によりお願いします。
（申立人欄書式設定）
上端10.4cm
下端14.5cm
左端3.3cm
右端5cm

申立人	住所	〒〇〇〇－〇〇〇〇　　電話　〇〇〇（〇〇〇）〇〇〇〇 △△県×市×町〇丁目〇〇番〇号　　〇〇法律事務所
	氏名	甲 野 太 郎
成年被後見人	住民票上の住所	〒〇〇〇－〇〇〇 △△県◇市◇町〇丁目〇番
	氏名	亡 乙 野 一 郎

申立ての趣旨	申立人が □成年被後見人の死体の（□火葬□埋葬）に関する契約を締結する □成年被後見人名義の下記の預貯金の払戻しをする 　　金融機関名＿＿＿＿＿＿＿＿＿＿　支店名＿＿＿＿＿＿＿＿＿ 　　口座種別＿＿＿＿＿＿口座番号＿＿＿＿＿＿＿＿＿＿＿＿＿＿ 　　払戻金額　金＿＿＿＿＿＿＿＿＿＿＿円 ■施設等に残置していた動産その他の物を〇〇株式会社との間で寄託契約を締結する ことを許可する旨の審判を求める。
申立ての理由	別添申立事情説明書のとおり

裁判所使用欄

1　本件申立てを許可する。
2　手続費用は、申立人の負担とする。
　　　令和　　年　　月　　日
　　　名古屋家庭裁判所　□　　支部　　□　　出張所

　　　裁判官

告知	
受告知者	申立人
告知方法	□住所に謄本送付 □当庁において謄本交付
年月日	令和 裁判所書記官

－219－

基本事件番号 平成 令和 ○○ 年（家）第 ×××× 号　　成年被後見人亡 乙野一郎

申立事情説明書

1　申立ての理由・必要性等について

　　　成年被後見人は，令和○○年○○月○○日，▲▲病院で亡くなりました。成年被

　後見人の相続人には，唯一，長女の○○○○がいますが，長年音信不通の状態にあ

　り，▲▲病院内にある成年被後見人の動産を引き取ることができる親族がおりません。

　　　そこで，相続財産の保存に必要な行為として，成年後見人において，申立ての趣旨

　に記載した行為を行う必要があります。

　　※　申立ての理由・必要性等を裏付ける資料がある場合には，資料を添付してください。

2　本件申立てにかかる行為ついての相続人の意思について

　　□　相続人の存在が明らかではないため，意思の確認がとれない。

　　□　相続人が所在不明のため，意思の確認がとれない。

　　■　相続人が疎遠であり，意思の確認がとれない。

　　□　反対している相続人はいない。

　　□　その他

【預金払戻許可申立書例】名古屋家庭裁判所HPより

（書式9　預金の払戻しをする場合の記載例）

受付印	成年被後見人の死亡後の死体の火葬又は埋葬に関する契約の締結その他相続財産の保存に必要な行為についての許可　申立書

この欄に収入印紙800円分を貼る。

印　紙

(貼った印紙に押印しないでください。)

収入印紙	円
予納郵便切手	円
準口頭	基本事件番号　平成　令和　〇〇　年（家　　）第　　×××× 　号

名古屋家庭裁判所　御中 令和　〇〇　年〇月　〇日	申立人の記名押印	甲　野　太　郎 （印）

添 付 書 類	■ 申立事情説明書　　　　　■ 死亡診断書の写し（死亡の記載のある戸籍謄本） ■ 預貯金通帳の写し　　　　□ 寄託契約書案 ■ 報告書

申 立 人	住所	〒〇〇〇−〇〇〇〇　　　　電話　〇〇〇（〇〇〇）〇〇〇〇 △△県×市×町〇丁目〇〇番〇号　〇〇法律事務所
	氏名	甲　野　太　郎
成 年 被 後 見 人	住民票上の住所	〒〇〇〇−〇〇〇 △△県◇市◇町〇丁目〇番
	氏名	亡 乙　野　一　郎

・申立人欄は宛名書き封筒の申立人の宛名としても使用しますので、パソコン等で書式設定する場合には、以下の書式設定によりお願いします。
[申立人欄書式設定]
上端10.4cm
下端14.5cm
左端 3.3cm
右端 5cm

申立ての趣旨	申立人が □成年被後見人の死体の（□火葬□埋葬）に関する契約を締結する ■成年被後見人名義の下記の預貯金の払戻しをする 　　　金融機関名 _●●銀行_　　　支店名 _●●支店_ 　　　口座種別 _普通_　　口座番号 _１２３４５６７８_ 　　　払戻金額 _金　５００，０００　円_ 　□ 　[ことを許可する旨の審判を求める。
申立ての理由	別添申立事情説明書のとおり

裁 判 所 使 用 欄

1　本件申立てを許可する。
2　手続費用は，申立人の負担とする。
令 和　　年　　月　　日
名古屋家庭裁判所　□　　支部　□　　出張所

裁 判 官

告　　知	
受告知者	申立人
告知方法	□住所に謄本送付 □当庁において謄本交付
年 月 日	令和 裁判所書記官

基本事件番号 （平成）令和　〇〇　年（家）第　××××　号　　成年被後見人亡　乙野一郎

申立事情説明書

1　申立ての理由・必要性等について

　　成年被後見人は，令和〇〇年〇〇月〇〇日，▲▲病院で亡くなりました。

　　成年被後見人には，別添のとおり，弁済期が到来している債務が約５０万円あり，

それらの債務を弁済するためには，成年被後見人の預貯金口座から預貯金の払戻し

を受ける必要がありますが，成年被後見人の相続人である長女の〇〇〇〇は，長年

音信不通の状態にあり，これを行うことができません。そこで，相続財産の保存に

必要な行為として，成年後見人において，申立ての趣旨に記載した行為を行う必要

があります。

　　※　申立ての理由・必要性等を裏付ける資料がある場合には，資料を添付してください。

2　本件申立てにかかる行為ついての相続人の意思について

　　□　相続人の存在が明らかではないため，意思の確認がとれない。

　　□　相続人が所在不明のため，意思の確認がとれない。

　　■　相続人が疎遠であり，意思の確認がとれない。

　　□　反対している相続人はいない。

　　□　その他

【電気等解約許可申立書例】名古屋家庭裁判所HPより

（書式9　電気，ガス，水道の供給契約を解除する場合の記載例）

受付印	成年被後見人の死亡後の死体の火葬又は埋葬に関する契約の締結その他相続財産の保存に必要な行為についての許可　申立書

この棚に収入印紙800円分を貼る。

印　紙

（貼った印紙に押印しないでください。）

収入印紙	円
予納郵便切手	円

準口頭	基本事件番号　平成・令和　〇〇　年（家　）第　××××　号

名古屋家庭裁判所　御中	申立人の記名押印	甲　野　太　郎　　㊞
令和　〇〇　年〇月　〇日		

添付書類	■ 申立事情説明書　　　　■ 死亡診断書の写し（死亡の記載のある戸籍謄本） □ 預貯金通帳の写し　　　□ 寄託契約書案 □ 報告書

申立人	住所	〒〇〇〇-〇〇〇〇　　　電話　〇〇〇（〇〇〇）〇〇〇〇 △△県×市×町〇丁目〇〇番〇号　　〇〇法律事務所
	氏名	甲　野　太　郎
成年被後見人	住民票上の住所	〒〇〇〇-〇〇〇 △△県◇市◇町〇丁目〇番
	氏名	亡　乙　野　一　郎

※申立人欄は空き封筒の申立人の宛先としても使用しますので、パソコン等で書式設定する場合には、以下の書式設定によりお願いします。
（申立人欄書式設定）
上端10.4cm
下端14.5cm
左端3.3cm
右端5cm

申立ての趣旨	申立人が □成年被後見人の死体の（□火葬□埋葬）に関する契約を締結する □成年被後見人名義の下記の預貯金の払戻しをする 　　金融機関名＿＿＿＿＿＿＿＿＿支店名＿＿＿＿＿＿＿＿ 　　口座種別＿＿＿＿＿＿口座番号＿＿＿＿＿＿＿＿＿＿ 　　払戻金額　金＿＿＿＿＿＿＿＿円 ■**　成年被後見人が生前契約していた電気，ガス及び水道の供給契約を解約する** ことを許可する旨の審判を求める。
申立ての理由	別添申立事情説明書のとおり

裁判所使用欄

1　本件申立てを許可する。
2　手続費用は，申立人の負担とする。
　　令和　年　月　日
　　名古屋家庭裁判所　□　支部　□　出張所

　　　裁　判　官

告　知		
受告知者	申立人	
告知方法	□住所に謄本送付 □当庁において謄本交付	
年月日	令和　・　・ 裁判所書記官	

基本事件番号 （平成） 令和　〇〇　年（家）第　　×××× 　号　　成年被後見人亡　乙野一郎

申立事情説明書

1　申立ての理由・必要性等について

> 　成年被後見人は，令和〇〇年〇〇月〇〇日，▲▲病院で亡くなりました。
>
> 　成年被後見人は，▲▲病院に入院する直前まで，在宅介護サービスを利用して自宅で生活していましたが，電気，ガス及び水道の各供給契約は締結されたままの状況にあり，このままでは料金が発生してしまいます。
>
> 　成年被後見人の相続人には，唯一，長男の〇〇〇〇がいますが，病気のため入院しており，上記の各契約の解約手続を行うことができません。そこで，相続財産の保存に必要な行為として，成年後見人において，申立ての趣旨に記載した行為を行う必要があります。

　※　申立ての理由・必要性等を裏付ける資料がある場合には，資料を添付してください。

2　本件申立てにかかる行為ついての相続人の意思について

　□　相続人の存在が明らかではないため，意思の確認がとれない。

　□　相続人が所在不明のため，意思の確認がとれない。

　□　相続人が疎遠であり，意思の確認がとれない。

　□　反対している相続人はいない。

　■　その他

> 　相続人〇〇〇〇は危篤状態にあり，意思の確認がとれない。
>
> 　なお，これまで同人が後見事務に反対の意思を表明したことはない。

⑶　応急処分義務・事務管理

　死後事務については、後述の死後事務の委任契約が締結されておらず、民法873条の2の適用のない限り、応急処分義務（民法654条）や一個人としての事務管理（民法697条）の規定が適用されることになります。

　委任の終了後の応急処分義務について定める民法654条は、「委任が終了した場合において、急迫の事情があるときは、受任者又はその相続人若しくは法定代理人は、委任者又はその相続人若しくは法定代理人が委任事務を処理することができるに至るまで、必要な処分をしなければならない。」としています。後見人が、「本人が死亡したので後見人としての職務はもう終了したから」と受任した事務を中止してしまうと本人の相続人に不測の損害が生じてしまうことも起こり得ます。そのような損害の発生を防止するために、民法は契約の受任者側に必要な処分をする義務を負わせています。後見人に応急処分義務が生じると、委任の終了する前と同様の限度で、その者は代理人として事務を処理していくことになります。

　なお、監督人がいる場合、その監督人についても、応急処分義務は生じるので、監督人は、必要な期間中、死亡した本人のために監督事務を行っていくことになります。

⑷　死後事務の委任契約

　私的自治の観点から、本人が第三者との間で生前に死後事務についての委任契約を締結している場合はその内容が優先されます。通常、委任契約は、委任者又は受任者の死亡により終了しますが（民法653条1項）、死後事務の委任契約は、本人の死亡後においても有効な契約により受任者に死後事務の処理をさせようとするものなので、本人の死亡により契約が終了することはありません（最判平成4年9月22日金法1358号55頁）。

　また、委任者の死亡によってその地位を承継した相続人が、いつでも解除できる（民法651条1項）としてしまうと、その実効性が薄れてしまうため、死後事務の委任契約の履行が不合理と認められる特段の事情がない限り、委任者の地位の承継者による解除は認められません（東京高判平成

21年12月21日判時2073号32頁)。

【文例…死後事務の委任契約】

（契約の趣旨）
第1条　甲は、乙に対し、令和○年○月○日、甲の死後に関する事務（以下「死後委任事務」という。）を委任し、乙はこれを受任する。

（契約の発効）
第2条　前条の契約は、甲が死亡したときからその効力を生じる。

（委任事務の範囲）
第3条　甲は、乙に対し、死後委任事務として、次の事務を委任する。
　⑴　菩提寺・親族等関係者への連絡事務
　⑵　葬儀（通夜・告別式）・火葬・納骨・埋葬・永代供養等に関する事務
　⑶　死後の医療費・老人ホーム等の施設利用料・公租公課その他一切の債務の弁済事務
　⑷　家財道具、生活用品の処分整理に関する事務
　⑸　行政官庁等への各種届出に関する事務
　⑹　以上の各事務に関する費用の支払い
2　甲は、乙に対し、前項の事務処理をするに当たり、復代理人を選任することを承諾する。

（預託金の授受）
第4条　甲は、本件死後委任事務の処理をするのに必要な費用に充てる為に預託金として金○○万円を乙に預託する。但し、この預託金には利息を付さない。
2　乙は、甲に対し、前項の預託金について預り証を発行する。

（費用）
第5条　乙が、本件死後委任事務を処理するために必要な費用は、甲の負担とし、乙は、その管理する甲の財産からこれを支出することができる。

（報酬）

第6条　甲は、乙に対し、本件死後委任事務処理に対する報酬として、金○○万円（消費税別）を支払うものとし、乙は、その管理する甲の財産から優先的にその支払いを受けることができる。

（契約の変更）

第7条　甲又は乙は、甲の生存中、いつでも相手方に対し、本件死後委任事務契約の内容の変更を求めることができる。

（契約の解除）

第8条　甲は、いつでも本契約を解除することができる。但し、解除は、公証人の認証を受けた書面によってしなければならない。

2　乙は、経済情勢の変化、その他相当の理由により、本契約の達成が不可能又は著しく困難となったときでなければ、本契約を解除することができない。この場合であっても、解除は、公証人の認証を受けた書面によってしなければならない。

（委任者死亡における本契約の効力）

第9条　甲が死亡した場合においても、本契約は終了せず、甲の相続人は、委任者である甲の本契約上の権利義務を承継するものとする。

2　甲の相続人は、乙の行為が甲に対して不法行為を構成するなどの特別の事由がある場合を除き、本契約を解除することができない。

（管理財産の返還、清算）

第10条　本件死後委任事務が終了した場合、乙は、その管理する甲の財産から費用及び報酬を控除し、残余財産について、これを遺言執行者、相続人又は相続財産管理人に返還しなければならない。

(5)　**費用の確保**

　　死後事務の中には、高額な費用がかかるものもあり、費用の確保が重要となります。一般的には、生前に預り金として預託を受けておくことが考えられますが、その場合、受任者が本人よりも先に死亡してしまうと、本

人の預託金が受任者の相続財産に混在してしまうリスクや、預託を受けた受任者又は預託した本人が経済的に破綻した場合に、預託金が差し押さえられるというリスク等があります。その意味で、預り金を信託による信託財産とすると、財産管理機能の充実を図ることができます。

6　引継書の提出

　相続人等への引渡し及び死後事務が完了した場合は、後見人は家庭裁判所に引継書を提出します。監督人がいる場合、後見人は監督人に対して引継書を提出し、監督人はその内容を確認して監督事務報告書を作成し、引継書と併せて家庭裁判所に提出します。

【引継書ひな形】 名古屋家庭裁判所HPより

基本事件番号　平成・令和　　年（家）第　　　　　号
本人

引継書

名古屋家庭裁判所後見センター　御中

令和　　年　　月　　日

　　　　　　　　（成年後見人等）＿＿＿＿＿＿＿＿＿＿印

　亡＿＿＿＿＿＿＿＿＿＿の相続人＿＿＿＿＿＿＿＿＿に対し，管理していた
財産を引き継ぎましたので，報告します。

引継書

　上記の者から財産を引き継いだことを報告します。

令和　　年　　月　　日

　　　　（住　所）＿＿＿＿＿＿＿＿＿＿＿＿＿＿＿＿＿＿

　　　　（相続人）＿＿＿＿＿＿＿＿＿＿＿＿＿＿＿印

　　　　（本人との続柄）＿＿＿＿＿＿＿＿＿＿＿＿＿＿

　　　　（電話番号）＿＿＿＿＿＿＿　（携帯電話）＿＿＿＿＿＿

最後に

　後見人や監督人として職務を行っていると、本人の親族や周囲の福祉・医療関係者等との協力・連携がいかに重要であるかということを感じます。

　後見人や監督人は、制度の仕組みや実務のあり方を理解しているだけでは足りず、本人、その親族、周囲の福祉・医療関係者等にも、自らの役割と職務の範囲を理解してもらい、協力して本人を見守るための環境を整備しながら、後見人・監督人としての職務を行う必要があります。

　本書が、実務家のみでなく、後見に携わる周囲の関係者の方々にとっても、制度理解のお役に立つことができましたら幸いです。

〈**参考文献リスト**〉

浅香竜太＝内田哲也「後見制度支援信託の目的と運用について」信託250号、14頁以下（2012年）

新井誠・赤沼康弘・大貫正男編『成年後見制度　法の理論と実務』（第２版、有斐閣、2014年）

梶村太市・石田賢一・石井久美子編『家事事件手続書式体系〈１〉（第２版)』（青林書院、2018年）

窪田充見『家族法－民法を学ぶ（第４版)』（有斐閣、2019年）

公益社団法人成年後見センター・リーガルサポート編著『成年後見監督人の手引き』（日本加除出版、2014年）

公益社団法人成年後見センター・リーガルサポート編著『成年後見教室　実務実践編　３訂版』（日本加除出版、2013年）

公益社団法人成年後見センター・リーガルサポート『法定後見ハンドブック2021年版』（2021年）

公益社団法人成年後見センター・リーガルサポート『本人死亡後の引継ぎ事務Q＆A』（2018年）

田山輝明『続・成年後見法制の研究』（成文堂、2002年）

田山輝明『成年後見法制の研究　上巻』（成文堂、2000年）

原司「任意後見制度について」ジュリスト1172号、30頁以下（2000年）

松川正毅編『成年後見における死後の事務』（日本加除出版、2011年）

［筆者紹介］

石田　健悟（司法書士・法学博士）

(略歴)
　1986年　愛知県生まれ
　2012年　司法書士登録、翌年より出身地の愛知県春日井市にて開
　　　　　業（現：石田司法書士・行政書士・社会保険労務士合同
　　　　　事務所）
　2017年　神戸大学大学院法学研究科博士後期課程修了（専攻：民
　　　　　法・民事信託・任意後見）
　2019年　株式会社ミライニ創業

　〈主な著書〉
　『資産承継・事業承継の実務―民事信託・遺言・任意後見・種類
　　株式の活用―』（テイハン、2022年）
　『相続放棄と限定承認の実務―相続の基本的な仕組みから相続財
　　産管理人の活用まで―』（テイハン、2022年）
　『離婚の実務―合意書・調停申立書・財産分与の登記申請書の書
　　式と理論―』（テイハン、2022年）
　『民法と民事信託（理論編）―遺言、民事信託、任意後見の連
　　携・棲み分け論―』（法論社、2018年）

成年後見の実務
　―制度の基本的な仕組みから死後事務の執行まで―

2022年11月24日　初版第1刷印刷　定価：3,190円（本体価格：2,900円）
2022年11月30日　初版第1刷発行

不複
許製

著　者　　石　田　　　健　悟
発行者　　坂　巻　　　　徹

発行所　　東京都文京区　株式　テイハン
　　　　　本郷5丁目11-3　会社
　　　　　電話 03(3811)5312　FAX 03(3811)5545／〒113-0033
　　　　　ホームページアドレス https://www.teihan.co.jp

〈検印省略〉　　　　　　　印刷／日本ハイコム株式会社
　　　　　　　　　　　　　ISBN978-4-86096-163-3